INNOVATION AND
TRANSFORMATION

Media Evolution in the Digital Intelligence Era

创新与转型

数字智能时代的媒体变革

吴璟薇　郝　洁　詹　芳　◎编

人民日报出版社

北京

图书在版编目（CIP）数据

创新与转型：数字智能时代的媒体变革 / 吴璟薇，郝洁，詹芳编． -- 北京：人民日报出版社，2023. 12

ISBN 978-7-5115-8034-4

Ⅰ. ①创⋯　Ⅱ. ①吴⋯ ②郝⋯ ③詹⋯　Ⅲ. ①传播媒介—研究　Ⅳ. ①G206.2

中国国家版本馆CIP数据核字（2023）第203589号

书　　　名：创新与转型：数字智能时代的媒体变革
　　　　　　CHUANGXIN YU ZHUANXING：SHUZI ZHINENG SHIDAI DE MEITI BIANGE

编　　　者：吴璟薇　郝　洁　詹　芳

出 版 人：刘华新
责任编辑：梁雪云　　王奕帆
封面设计：春天书装
版式设计：九章文化

出版发行：人民日报出版社
社　　　址：北京金台西路2号
邮政编码：100733
发行热线：(010) 65369509　65369527　65369846　65363528
邮购热线：(010) 65369530　65363527
编辑热线：(010) 65369526
网　　　址：www.peopledailypress.com
经　　　销：新华书店
印　　　刷：北京中科印刷有限公司
法律顾问：北京科宇律师事务所　010-83622312

开　　　本：710mm×1000mm　1/16
字　　　数：198千字
印　　　张：15.5
版　　　次：2024年5月第1版　　2024年5月第1次印刷

书　　　号：ISBN 978-7-5115-8034-4
定　　　价：49.00元

目 录
CONTENTS

09 媒体融合发展与创新变革的总结

导 言

吴璟薇

作者简介：

吴璟薇，清华大学新闻与传播学院副教授，清华大学马克思主义新闻学与新闻教育改革研究中心副主任，德国柏林自由大学博士，德国洪堡基金会联邦总理奖学金获得者。主要著作有《德国新闻传播史》（北京：人民日报出版社，2017年），英文专著*Private and Public on Social Network Sites：Differences and Similarities between Germany and China in a Globalized World*（Frankfurt：Perter Lang，2017），并在中文核心期刊发表论文十余篇。学术成果曾获中国新闻史学会第七届会员优秀学术奖、中国高等教育学会新闻学与传播学专业委员会第四届"全国新闻学青年学者优秀学术成果"奖、第四届青年新媒体学术研究"启皓奖"优秀学术奖。

在新技术不断变革的数字传媒时代，狭路相逢勇者胜。

数字化时代，新媒体技术给传统媒体的生存带来巨大挑战，也迫使众多媒体进行创新改革，以适应新环境的要求，在不断变革的媒介技术平台中寻找新的发展模式。新媒体创新一直是国家发展关注的重点议题。2014年8月，在中央全面深化改革领导小组第四次会议上，习近平总书记明确提出加快传统媒体和新兴媒体融合发展，充分运用新技术新应用创新媒体传播方式，占领信息传播制高点的创新发展思路。2016年2月，习近平总书记调研了3家中央新闻单位，加快创新融合的信号更加强烈。特别是面对青年受众群体几乎被互联网分流、主流媒体的舆论引导职能受到影响的情况下，主流媒体更加迫切地创新传播模式，贴近人民群众。各大主流媒体加大创新力度，在新闻传播新技术、新业态、新机制上不断突破。近年来，媒介创新随着媒介融合得以不断推进，从中央到地方，广泛开展大量新技术运用和基础设施建设。2020年，随着《关于加快推进媒体深度融合发展的意见》《中共中央关于制定国民经济和社会发展第十四个五年规划和二〇三五年远景目标的建议》《关于加快推进广播电视媒体深度融合发展的意见》等政策的陆续出台，中央在舆论导向、互联网思维、群众路线、先进技术引领驱动融合发展、全媒体人才、政策保障等层面指出了更明确的方向。

新媒体创新也是传统党媒与新媒体平台共同关注的重大议题，从"两微一端"的研发到人民日报的"中央厨房"，媒体将新闻内容不断融合到新技术平台上，让媒介消费变得越来越方便和贴近受众。新技术革命推动着媒体的经营模式和传播模式变革。传播技术革新、新媒体创业、政策支持等因素也成为推进新媒体创新的重要动力。20世纪90年代，国外已经开始关注新技术革命与创新研究；特别是进入21世纪后，互联网开始普及，随之也带动了媒体平台和传播技术的革新。传统的报纸杂志开始进入"数字化进程"，原本由纸媒承载的内容上传到互联网平台，试图通过新技术谋求新的发展机遇，电视机构也开始通过媒介融合进行创新尝试。

面临新媒体技术的挑战，中国媒体也开始将大量新技术融入新闻生产过程，并聘用大量技术人员。而大数据和算法推算等新技术的使用，也改变了传统内容生产人员的结构，新闻生产的流程和参与人员，乃至整个媒介的组织结构都面临着创新。新闻机构因此也开始平台化，成为信息集散地。在此背景下，媒介加速融合。

当前媒介技术不断革新和变化，媒体也面临转型和创新，不仅包括技术采纳、内容生产和传播，还包括人才培养、媒介组织结构、盈利模式等方面。在如此多元的形势下，如何理解媒介创新？这些创新背后的动力是什么？是什么因素推动媒体不断采用新技术、新模式，谋求新发展？推动媒体进行创新的机制又是什么？在推动新技术、发展新媒体融合的过程中，又形成了什么样的中国特色模式？

媒介创新及其动力机制

创新总是伴随着事物的变迁而进行的。媒介技术的革新带来媒介产品的生产和分发过程的变化，也使用户的角色在不断变化，由此产生新的媒介商业模式和新闻文本创作模式。从新闻产品的生产流程来看，媒介创新涉及五个方面：产品（product）、过程（process）、位置（position）、范式（paradigm）和社会创新[①②]。产品创新指由媒介组织提供的产品和服务的变革。例如，借助手机、平板电脑，或者新闻APP来传播信息带来的新媒介平台的变化。过程创新指产品或者服务被创造或者运输的方式的变革，涉及媒介组织的变化，也包含近年来Web2.0技术所带来的用户参与生产的过程。位置创新指的是在某种特定情境中产品和服务的定位问题。例如，在全球化背景下，中央广播电视总台也把关注点投向全球受众并成立中国环球电视网（China Global Television Network，CGTN）。而范式创新涉及媒介组织的价值和商业模式。例如，原本以印刷为主的报纸转向电子化之后，报纸行业也产生了范式的创新。最后一种创新的方式——社会创新，更多指能够满足社会需求和提高人们生活质量的创新。

媒介创新是一个涉及社会各个方面的过程，因而其影响因素也比较多元。本书中涉及的因素具体有十个方面[③]。

---

① Francis D, Bessant J. Targeting innovation and implications for capability development [J] .Technovation, 2005, 25（3）: 171-183.

② Storsul T, Krumsvik A H. What is Media Innovation? [M] //Storsul T, Krumsvik A H. Media innovations: a multidisciplinary study of change. Sweden: Nordicom, University of Gothenburg, 2013: 13-26.

③ Storsul T, Krumsvik A H. What is Media Innovation? [M] //Storsul T, Krumsvik A H. Media innovations: a multidisciplinary study of change. Sweden: Nordicom, University of Gothenburg, 2013: 13-26.

（1）**技术**：回溯媒介发展历程，技术都是推动媒介不断革新的重要因素。新技术在带来新的媒介产品的同时，也改变了媒介的生产方式乃至组织结构，甚至受众与媒体的关系。而技术的变化也对从事媒介生产的人提出了新的要求，促使媒介创新。

（2）**市场机遇与用户行为**：作为两个非常重要的外部因素，市场对媒介创新的宽容程度以及用户的接受程度，直接决定了媒介的创新措施是否能够推行下去。尤其在Web2.0技术使用户能够参与内容生产之后，用户在新闻产品的生产和传播过程中起到越来越重要的作用。

（3）**竞争者行为**：包括媒介组织对产品和服务，以及制作和分发渠道所进行的创新。一项新的媒介产品投入市场时是充满诸多不确定性因素的，是否坚持推出，在市场试水深浅，以及其他竞争者是否效仿，同样也会影响整个行业对该产品的关注。

（4）**媒介管制**：包括补贴金、产权限制、牌照发放以及国有产权的涉入等因素。

（5）**行业准则**：记者的职业道德以及新闻从业准则也直接影响媒介创新行为。例如，当媒介新产品过分满足受众的娱乐化需求而趋向低俗化时，相关新闻准则就会对其产生规制作用。

（6）**媒介企业策略**：在新技术的挑战下，保守者会选择提高生产效率来保住自己的市场地位；探索者倾向于找寻新的市场契机；分析者一方面保持稳定，另一方面寻求变革；反应者虽然觉察到了媒介环境中的变化和不确定性，却无法及时有效地做出反应。上述四种情况是媒介企业在面临创新时所采取的主要策略。

（7）**领导者及其远见**：媒介组织的最高决策者及其远见会对媒介

创新产生直接影响，很多媒介创新措施的成功大多与最高决策人的远见直接相关。

（8）**组织结构**：媒介的组织结构以及在创新过程中是否成立新的公司，抑或将创新的部分融入原有企业结构，也决定着创新的成败。例如，当前很多媒体在引入技术人员的时候，就面临着是将技术团队融入原本的内容团队，还是让这两部分独立运行的问题。

（9）**能力与资源**：编辑团队的能力与资源，产品资源和分发渠道方面的竞争力也决定着媒介组织进行创新的成败。

（10）**文化及创造力**：媒介产品是非常特殊的内容产品，因为媒介组织自身的文化会体现在其中。因此，媒介组织的文化以及创造力也影响其创新能力。

2019年到2022年，课题组成员分别深入人民日报"中央厨房"、CGTN、央广传媒、光明网、澎湃新闻、今日头条、财新传媒、四川日报报业集团，以及新成立的专门制作数据新闻的北京数可视科技有限公司等具有典型代表的新媒体创新平台进行调研，并对主要领导、中层管理人员和员工代表进行访谈，深入了解其如何鼓励创新，如何设计创新模式，如何实施创新方案，如何推进创新和管理，以及在媒介技术变革中面临怎样的机遇与挑战等。本书收集了大量媒体创新实践的独家资料，以综合案例评析的方式系统梳理了各家的创新战略与发展规划，既可以为媒介创新研究提供理论参考与丰富的实证资料，亦能够为处在媒介发展浪潮与激烈的市场和创业竞争中的实践者提供参考。

参考文献

Francis D，Bessant J. Targeting innovation and implications for capa-bility development［J］.Technovation，2005，25（3）：171-183.

Storsul T，Krumsvik A H. What is Media Innovation？ ［M］//Storsul T，Krumsvik A H. Media innovations：a multidisciplinary study of change. Sweden：Nordicom，University of Gothenburg，2013：13-26.

01 人民日报："中央厨房"的创新模式

秦浩斐　梁乐萌　潘赵玥

作者简介：

秦浩斐，清华大学经济管理学院2017届毕业生，经济与金融专业。

梁乐萌，毕业于清华大学新闻与传播学院，研究方向为公众态度、跨文化社会心理、社会分层与不平等。

潘赵玥，清华大学经济管理学院2016届毕业生，信息系统与信息管理专业。

技术的发展和经济的增长不仅释放了媒体自身的内容创作能力，也促使受众偏好转向了自由度更高的互动、视频和直播模式。如何构建符合业态规律的全新生产、传播和运营体系，是媒体人共同面临的问题。党的十八大以来，以习近平同志为核心的党中央作出"推动传统媒体与新兴媒体融合发展"的战略部署。随着一系列媒体融合政策的推出，包括人民日报社在内的全国各级、各类主流媒体纷纷加速自身的特色融合进程。"中央厨房"的模式创意便在这个时机下萌生。"中央厨房"一词源于餐饮业，指"统一采购、标准化生产、集中分发配送"的大厨房模式。新闻传媒行业的研究者借用此概念，引申出"一次采集、多次加工、多媒体发布"的融媒体模式构想。

1.1 "中央厨房"的发展历程

人民日报社作为正部级的中共中央直属事业单位，必然要在新闻战线中承担深化改革的重头任务，建构涵盖社会价值与经济效益的传媒价值链。可以说，人民日报既是媒体融合事业的参与者，也是重要的推动者。

2014年3月，人民日报媒体技术股份有限公司正式成立，承建

"中央厨房"的业务平台、技术平台和空间平台。"中央厨房"的空间平台位于人民日报社新媒体大厦10层，占地约3200平方米，于2017年1月建成并投入使用。这个大厅是社领导指挥整个报社新闻策、采、编、发的中枢，全媒体工作人员在这个大厅内协同作业，利用技术系统进行舆情监测，内容策划、制作和分发，用户行为分析和传播效果追踪等日常工作[①]。

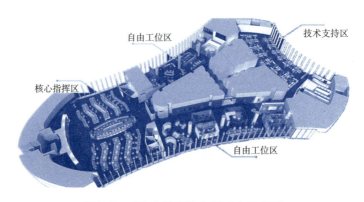

图1-1　"中央厨房"空间平台概念图

资料来源：人民日报媒体技术股份有限公司官网

"中央厨房"不仅服务于报社旗下的媒体，更为整个媒体行业搭建了优质内容的公共平台。比如，"中央厨房"为社外各类媒体终端免费提供两会新闻产品，在原有的供稿渠道之外额外开拓供稿群，实现全国跨媒体的报道合作。同时，"中央厨房"还能为海外主流媒体定制并推送部分新闻产品。2016年8月22日，人民日报联合腾讯云打造的"中国媒体融合云"上线，将技术资源同全行业共享，为所有合作媒体提供采集、生产、大数据运营等技术支持。在一波又一波"新闻大战"的浪

---

① 信息来源：人民日报媒体技术股份有限公司官网，http://www.pdmi.cn/。

潮中，"中央厨房"的运行机制不断完善，品牌效应越发凸显。"中央厨房"所创的生产、协作、分发业务模式，掀起了新闻行业的"供给侧改革"。

1.2 "中央厨房"的创新模式

1.2.1 业务创新

《人民日报》秉持新闻内容生产与传播的理念，被联合国教科文组织评为世界十大报纸之一，多年来坚持正确办报方向，不断尝试创新，将准确的新闻信息传递给广大人群。

在此基础上，"中央厨房"围绕业务层面的创新举措更多的是在限定的范围内对原有资源和组织架构的重新整合，并非对原有框架的彻底颠覆，而是在原有基础上的再添加，"立新"的同时谨慎"破旧"，充分保证原有模式的稳定安全。新旧模式之间的边界为改革提供了缓冲区，这也是人民日报社进行种种业务创新尝试的一贯特点。

"中央厨房"在业务层面的创新主要表现在部门架构、生产流程、特色协作和激励机制四个方面。

（1）部门架构

整体架构中，"中央厨房"的创新之处主要体现在管理、生产和推广部门。为提高组织调动的灵活性，"中央厨房"打造了三大生产平台：总编调度中心、采编联动平台和融媒体工作室。总编调度中心负责宣传任务统筹、重大选题策划和采访力量指挥，在众部门中居于最高地位。总编调度中心在线下具备独立的工作空间，有专门的团队在这个物理空间内全天工作，并且在线上搭建了开放的软件平台，利用移动报道指挥平台等系统与各采编团队保持在线联系，随时发布调度指令。采编联动平台是常设运行机构，分为采访中心、编辑中心和技术中心三部分，是整个"中央厨房"体系中人员最多、稿件产出量最大的部门。采访中心负责信息采集和投稿审核；编辑中心负责策划、约稿和新闻稿呈现；技术中心则掌控数据和软硬件，提供全媒体化技术支持。采编联动平台的人员来自"报网端微"各个部门，听从总编调度中心的指挥，所有产品直接进入新闻稿库。融媒体工作室是"中央厨房"开拓的一条崭新业务线，以项目为导向，采用兴趣化组合、项目制施工，其最显著的特点是"四跨"和"五支持"。"四跨"指采编人员实现"跨部门、跨媒体、跨地域、跨专业"的自由兴趣组合，"五支持"则指"中央厨房"作为孵化器，给予融媒体工作室"资金支持、技术支持、传播推广支持、运营支持和经营支持"。融媒体工作室是"中央厨房"从重大事件报道到常态化运行的成功尝试。

"中央厨房"将人民日报社原有的三种内容推广渠道——《人民日报》、人民网和"两微一端"（微博、微信和客户端），以总编室的形式纳入"中央厨房"的业务体系中，分别创立了人民日报社总编室、人民网总编室和新媒体中心总编室。版面编辑由总编室负责，原有的地方部、体育部等改为单纯的采访部门。总编室从新闻稿库取用稿件，这些稿件既可以作为成品直接发布，也可以作为素材进行二次加工。所有产品在社属媒体首发后，再向国内外合作媒体推广。目前，人民日报"中央厨房"可提供18个语种的新闻产品，向全球500家主流媒体和新闻网站供稿①。

---

① 信息来源：对"中央厨房"调研部主任王洋进行访谈。

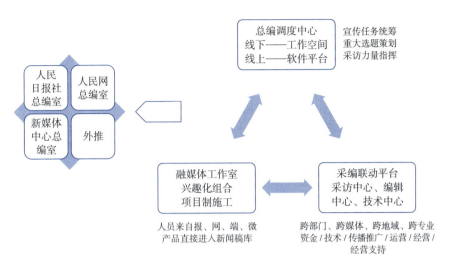

图1-2 "中央厨房"创新业务的整体架构

（2）生产流程

在生产流程方面，"中央厨房"的创新主要体现在总编协调会制度、值班总编辑制度、采前会制度三种日常制度和应急报道机制上。总编协调会作为最高决策机构，每周举行一次，在每周一下午召开，由总编辑主持，主要议题是部署任务和讨论选题，以上传下达为主，还会对一周传播效果进行点评。值班总编辑分为白班副总编和夜班副总编，保证"中央厨房"24小时机动灵活、高效工作。白班副总编主持每日采前会，负责选题策划、报道组织、采访安排和计划落实；夜班副总编主持每日夜班编前会，研究版面安排、审定夜班版面并处理重点稿件。采前会每工作日10点召开，采编联动平台三大中心和采访部门的负责人都会参加，白班副总编汇报当天全社的报道策划，通报新闻线索，研究当日舆情，确定重点稿件，并布置采编对接人员。同时，"中央厨房"还建立了重大、突发事件应急报道机制，由专人实时监控舆情，随时准备调度，在获知消息后能够第一时间抽调人员，进行融合采集、加工、生产和传播。

（3）特色协作

"中央厨房"的创新不仅在于部门的重构，也在于部门之间协作模式的更新。"中央厨房"充分利用新媒体手段和技术，尤其是新兴社交媒体，开创了融合通讯、服务号协作、新闻日历、多元化数据存储、在线选题五种特色协作制度。

融合通讯指在媒体内部跨机构创建社交媒体群组，方便沟通交流和内部感情建设。服务号协作指绑定微信服务号，以高效率接收通知，更好地实现协作生产。新闻日历是"中央厨房"内部进行任务调度和时间规划的特色举措，将可预知的新闻事件提前列入日程并在线共享，更加明确、直观。此外，"中央厨房"依托技术部门为内部人员提供个人资源及共享资源的云端存储等多元化数据存储，提高信息共享效率，并增强安全性。在线选题则指对于常规选题，提供以在线讨论取代线下讨论的选择，对于突发选题实现在线约稿机能。

（4）激励机制

为激励个人和团队创作优质新闻作品，"中央厨房"通过行业内的新闻奖评选，在精神和物质层面对创作者进行表彰。"中央厨房"激励机制的创新点主要是：改革考核体制，实行优稿优酬，并建立新闻传播力排名制度，以及建立融合传播部门考评制度。"中央厨房"从改革考核体制入手，媒体机构划归各专业采访部门统筹调度管理的网、端、微记者，身份、待遇不变，基础工资由原单位发放，绩效工资归各专业部门考核评定。对稿件实行"基础稿酬＋优稿优酬"制度，稿酬向独家、原创、首发、深度倾斜，与首发率、转载率、落地率挂钩，加大"好新闻"的奖励力度。此外，还建立了新闻传播力排名制度和融合传播部门考评制度，由"中央厨房"媒体传播效果跟踪系统实时监测并动态排名，评定"每日传播五强""每周传播十强""每月传播二十强"，分别给予奖励，并作为评选好新闻的重要依据。对各专业部门分别设定融合报道的每月基数，对完成数量和质量进行量化考评，对表现优异的部门和个人分别给予奖励，将考评结果作为年终部门评优的重要依据。值得注意的是，激励机制的创新改革主要集中在"奖励"方面，而不设置惩罚措施，为个体的创新行为留下更大的试错空间。通过访谈也发现，目前新闻作品质量与传播力与个人所得挂钩并不紧密，说明激励机制中有关个人奖励的部分有待进一步完善，并且要确保落实。

1.2.2 技术创新

"中央厨房"的技术解决方案是中国媒体融合云：将十几家与媒体技术相关、在各自领域领先的公司的能力全部变为技术工具，在融合云上进行汇集，开放给全行业使用。依托中国媒体融合云，"中央厨房"将新媒体技术工具简单化，内容生产和传播智能化，通过移动化确保所有人员对融合云工具的有效使用。

（1）工具简单化

为降低媒体门槛，"中央厨房"在提高新闻生产，尤其是多媒体内容的智能化生产上进行尝试，打造了视频直播产品"人民日报直播厅"。只需一段代码，就可以让所有的媒体客户端连接视频直播工具，具备直播能力，后台系统支持5路信号接入，可以使用导播台控制设置时间延迟，从而对内容进行导向把关，避免播出风险。和其他商业直播网站相比，这种机制是独有的。此外，"中央厨房"还打造出两套H5制作工具。一套基础级H5制作工具供普通编辑、记者当模板使用，另一套专业级工具供设计师使用。哪家单位需要做专业H5、VR或视频，可以直接在融合云上"发包"。技术体系全面开放，意味着全国的媒体团队都可以使用技术工具"接包"，做完交付产品即可。

（2）采编智能化

"中央厨房"通过大数据技术系统加强数据化建设，逐渐摆脱对媒体人主观经验的依赖，让新闻线索、选题策划、传播效果、运营效果都有大数据的客观支撑。利用全网抓取的实时数据，全国各地发生的热点事件和新闻线索能即时在"中央厨房"的大厅以地图式呈现；基于软件平台的内容分发、舆情监测和传播效果评估、稿件追踪和用户画像等一系列技术工具，前后方采编人员能及时获得稿件的评估与反馈；通过评论分析，"中央厨房"可以深度了解用户阅读习惯和行为特征，进一步实现精准推送和营销。

（3）使用移动化

与此同时，"中央厨房"所有技术产品的所有功能都实现了移动化，媒体人员既可以在"中央厨房"大厅的电脑上进行操作，也可以在个人的电脑、手机、平板电脑上远程办公，通过"人机见面"完成部分工作。

1.2.3　行业聚合

移动化与智能化技术加速重构了媒体格局和舆论生态。在新兴社交媒体、聚合类资讯平台和自媒体公众号等的围攻下，"单枪匹马"的主流媒体在资源获取、影响力争夺、话语权主导、个性化引流等方面遭遇重大挑战。在"2017媒体融合发展论坛"会议上，"全国党媒信息公共平台"（以下简称党媒公共平台）与"中央厨房融媒体学院"项目正式启动，以实现各类各级党媒在"报网端微"的全媒体联动，解决了地域和行业内资源共享受限的问题。党媒公共平台由"中央厨房"主导，地方政府、各媒体、技术公司等多方单位联合打造。党媒公共平台的运营思想可以概括为"百端千室一后台"，即以人民日报"中央厨房"为基础，各类中央及地方媒体、行业媒体以及党政机关、企事业单位的新闻宣传部门携手合作，依靠媒体融合云提供的技术支持，连通媒体终端，孵化融媒体工作室，激发人才队伍的创新活力。党媒公共平台的建立，一方面是为了聚合各党媒对新闻内容的挖掘和生产能力，另一方面是为了连通中央和地方的线上体系，共建内容资源池，凝聚为舆论引导合力，满足各党媒的多元化发展需要。

合作伙伴

图1-3 党媒公共平台的部分合作伙伴

资料来源：党媒公共平台官网

（1）内容资源融合

党媒公共平台的各入驻单位实现内容资源共享主要依靠的是全媒体内容管理平台。全媒体内容管理平台可以被视作一个共享的优质"内容池"：所有入驻合作单位向这个源头提供可靠、上乘的信息流，同时也免费获得其他成员的原创内容，利用这些鲜活典型，把大格局与本地的小故事融为一体，打造本媒体的专业、独家、权威的内容。各党媒和地方单位的独立端口像分流般覆盖全国范围内的新闻网，从更广的角度传播全国的新闻故事。

全媒体内容管理平台采用"单管理员、多融合号"的设计——融合号是用户在后台发布内容的渠道，类似于公众号、头条号。多个融合号共享一个技术后台。入驻媒体通过注册或者管理员添加的方式成为融合号用户，进行内容编辑和发布。管理员负责内容审核，广告及公告等的管理。在内容创作方面，全媒体内容管理平台的主要优势包括：多内容类型支持、技术工具支持和即时预览。在这个平台上，每条内容记录都归属于某种类型，不同的内容类型有不同的编辑方式、数据处理逻辑、模板类型和发布方式。平台还对接多类型的第三方编辑器，包括视频制作工具、H5制作工具等，支持对文字、音频、视频、直播、数据集等内容类型进行分类采集、提取和处理。用户可以在Web页面管理文章的栏目、受众、APP配置等。平台也提供随时预览版面或页面动画的功能，保证预览效果和最终推送页面完全相同。

（2）智能化运营管理

党媒公共平台规定，入驻媒体需要在保持网站、客户端原有后台独立的前提下，开通一个以上个性化推荐的频道，接通党媒公共平台的智能分发后台。双方将依托百度、搜狐等领先的人工智能技术和搜索引擎基因，着力实现精确推送、个性化推荐、数据追踪三大功能。

融合号亦是用户接入智能分发后台的独立端口，用户登录融合号可以为不同的栏目快速制作出不同的工作流。指定工作流后，栏目下的内容都需要经过工作流配置的审核流程后才能进入最后的发布程序，从而避免内容被错误地发布到网站、微信、微博、APP等平台。除了用户指定路径外，融合号依托人民日报全媒体新闻平台的"运营分析与推荐系统"，提供用户画像、智能定位等支持，可以向已实现技术对接的党媒端口进行智能分发和个性化推荐并在一点资讯、今日头条、UC等商业平台进行同步推送。同时，党媒公共平台还与100多家媒体、300多个端口或签订转载合作协议，或落地线上"党媒推荐"频道[①]。融合号依托人民日报"中央厨房"传播效果评估系统，定期为入驻媒体提供稿件传播效果评估报告，还定制开发了"传播效果数据展示"功能，支持全面的访问统计功能，包括转载统计、粉丝统计等，所有的统计数据都支持生成曲线图和导出数据表。

（3）融媒人才培养与激励

"中央厨房融媒体学院"是"中央厨房"主导的党媒融合的另一核心子项目，目的是将人才培养规模化、常态化，培养多支具有"融媒体思维"的新闻工作者队伍。党媒公共平台委托人民日报媒体技术公司于2017年9月8日在苏州广电设立了"中央厨房融媒体学院"首个教育示范基地，并在北京、重庆、苏州成功举办多期融媒人才培训班，辐射长三角地区乃至全国。目前，融媒体学院制定了新闻采集、策划、新媒体技术的专项培训计划，涵盖新闻作品的解读、分享经验、优秀的视觉作品等。为了全面落实"中央厨房"融媒人才战略，学院还开展了融媒设计创意大赛、中央厨房融媒基金/奖学金、媒体融合沙龙、融媒人才培训班、国际交流项目、融媒书籍出版等多

---

① 信息来源：全国党媒信息公共平台，https://www.hubpd.com/#/。

个融媒子项目。"政府＋媒体＋院校＋企业"的运营模式也在各地融媒体学院的建设中不断革新进步。党媒公共平台还派遣人民日报社的资深融媒体编辑和记者作为导师，为融媒体工作室提供全流程的专业化指导，在全国或地方性的重大活动中，与各地、各行业党媒联动，共同策划、制作、发布融媒体产品。

1.3 创新动力因素分析

1.3.1 媒体定位与政策

2014年8月，中央全面深化改革领导小组第四次会议审议通过《关于推动传统媒体和新兴媒体融合发展的指导意见》，《意见》中提出"创新内容生产和服务""加强重点平台建设""扩展内容传播渠道""拓展新技术新业态""完善经营管理机制""发挥市场机制作用"六项重点任务，尤其强调"顺应互联网传播移动化、社交化、视频化、互动化趋势"。《人民日报》是中共中央的机关报，人民日报社是中共中央直属事业的正部级单位，这一媒体定位决定了人民日报社的创新举措必定与国家政策相一致，为国家大政方针的普及、落实服务。

国家政策构成了"中央厨房"创新的原始动力，独特的媒体定位则决定了"中央厨房"独特的创新机制。除了资金、技术、人力资源外，人民日报社还享有权威的信息采集和发布资源。在采集方面，各级地方党媒的新闻信息经过筛选后汇集至中央党媒。在发布方面，"中央厨房"所有的内容出口有"五分钟"和"十分钟"两个概念：

对于快的新闻或融媒体产品，人民日报体系有五分钟的优先权，五分钟之后再进行全网推送，由腾讯、网易、今日头条等商业网站进行竞争；慢的内容——如2000字以上的深度报道——人民日报体系有十分钟的优先权。

1.3.2　组织架构

"中央厨房"的组织架构更为扁平化，"打通"和"整合"的理念使得资源根据专业而非媒介进行分类，在保持现有体量的基础上，为各部门、各渠道进行进一步创新提供了更多的可能性。

组织架构的创新带来的是生产流程和方式的创新，进而提高效率，为创新提供更多人力、物力资源。采编分开是一个典型的创新举措。在传统模式中，"采编一体"的优点在于权责分明，但却不利于提高效率和优化整期内容的整体性。而在"中央厨房"创新模式下，原来相互独立程度高的地方部、经社部、政文部、体育部等改为采访为主的部门，多数的版面编辑任务移交总编室负责。不仅在中央，地方也实现了统筹采访，地方分社统一管理人民网地方频道人员，充实壮大一线采访力量。

采编分开后，个体少了编辑压力和版面压力，得以将更多精力专注于选题挖掘的深度采访，更加有的放矢，同时也有更多能力、背景相近而原本所属体系不同的同行相互配合，促成了"质量兴农万里行""中美创投峰会"等一系列优质报道的产生。此外，新的组织架构下组建的日常技术运营维护、可视化制作、无人机航拍等服务团队，为各部门创新提供了更强大、更便捷的技术资源。

"中央厨房"组织架构的创新不仅为创新提供了资源，更培养了基层创新理念。"中央厨房"并不是要记者做"全能王"，而是更注重新一代媒体人的融合理念和受众意识[①]。"中央厨房"促成了报、网、端、微人员紧密协作，有利于革新成员观念，使原本负责传统报纸业务的人员可以在潜移默化中深入理解新媒体运营思维和发展趋势，提升新媒介理念。

1.3.3 领导者个人

党媒特殊地位带来了对人民日报社及其新闻内容特殊的把关要求。因此，"中央厨房"的创新较其他媒体更多地表现为自上而下的统筹规划，其中领导者个人的眼界、魄力和才能发挥着至关重要的作用。

"中央厨房"自2015年起试运行，在这之前经历了长期的调研和商讨。在国家政策出台之前，人民日报社高层领导已经着手准备。"中央厨房"架构最初由前社长张研农提出，杨振武、李宝善参与设计，分别指出"中央厨房是面向受众、面向国际、面向未来的新一代内容生产、传播和运营体系"和"中央厨房要实现策、采、编、发的'自我革命'"。而将它付诸实践的是现任人民网总裁叶蓁蓁。

叶蓁蓁1996年于外交学院英语系毕业后先后进入光明日报社和人民日报社工作，曾先后担任光明日报国际新闻版主编、人民日报视点新闻版主编、人民日报社总编室室务委员、人民日报社总编室副主任。2014年，叶蓁蓁出任人民日报媒体技术股份有限公司总经理，这一人事上的重大决定奠定了"中央厨房"创新之路的总基调。在任期

---

① 信息来源：对"中央厨房"调研部主任王洋进行访谈。

间，他大力推进"中央厨房"项目的发展。

在充分理解媒体发展趋势，并与今日头条、微信等互联网新媒体进行比较考虑后，叶蓁蓁及其团队选择不做直接接触用户的前端产品，不与诸多互联网媒体直接竞争，而着力于后端，为人民日报体系下现有的媒体出口提供后台支撑，并建立全国党媒信息公共平台，进一步方便信息沟通。从资本和项目的统筹管理，到空间内部桌子的摆放、电脑型号的选择，叶蓁蓁都作为主心骨参与规划。

1.3.4 "互联网+"用户市场

"互联网+"时代下，移动互联网的快速兴起始终作为"中央厨房"的建设背景，整个传媒行业的全新需求、架构和定位都随之而来，需要建设一个符合业态变化的新体系从而更加满足市场需求概念的媒体行业，人民日报"中央厨房"在这样充分的条件和恰当的时机下诞生，其"初心"是搭建"一个全行业的融合平台"，打破各个部门、机构、行业的界限，促进创新内容的生产。

人民日报全媒体平台连接了人民日报社社属的所有子报、子刊及相关网站、客户端、自媒体账号等，并且与外部用户分享资源，以达到大幅提升生产效率、社会效益和盈利能力的目的。

媒体生产的内容产品最终面向的是用户。人民日报"中央厨房"利用特定技术工具，提供媒体全渠道可定制化的运营分析、用户画像洞察、跨站点与多场景的个性化推荐等服务。这样可以根据评论信息对用户进行情感分析，得出用户对新闻的喜好，进行个性化推荐，从而实现精准推送和营销。每篇稿件都可以追踪传播数据，还可以基于用户阅读习惯，分析出用户的行为特征等有效信息。

1.4　创新案例分析

创新在宏观角度是总体架构与战略部署，在微观角度则是由一个个部门、栏目、产品、策划的具体案例组成的。我们选取融媒体工作室"侠客岛"、"军装照"H5内容产品、2018年两会进行时特别节目"河南时刻"这三个具体案例加以介绍分析，以期映射出"中央厨房"模式下一次创新小环节的全过程，并反映"中央厨房"媒体人的创新意识与精神。

1.4.1　于热情中生长而出的栏目——侠客岛

2016年10月，人民日报"中央厨房"启动"融媒体工作室"计划。截至2018年，人民日报"中央厨房"已成立融媒体工作室近50个，覆盖时政、财经、军事、国际、教育、健康等领域。报社37个部门或单位的近300名编辑、记者都参与到融媒体工作室计划中，许多工作室都形成了自己的品牌个性，而侠客岛无疑是其中最受欢迎和热议的一个[①]。

创办侠客岛的想法起于几个年轻人茶余饭后的一拍即合，以生动、易懂的语言更好地进行时政解读是他们的梦想。2014年春节过后，主创们向人民日报海外版编委会递交了一份《关于海外版向移动互联网转型的调研报告》。编委会决定，先允许他们以非官方身份进行尝试，但仍给予指导、鼓励和支持。随后，微信公众号"侠

---

① 信息来源：对时任"中央厨房"数据新闻与可视化实验室副主任张建波进行访谈。

客岛"和同由五人负责的"学习小组"创办起来。彼时微信公众平台作为新兴媒体形式出现不久，幽默、"接地气"语态与严肃政治议题的结合更是难得一见，五人的尝试得到了受众的广泛欢迎和认可。人民日报社领导曾在非正式场合提出侠客岛在2014年底订阅数超过10万的希望，而随着一系列爆款文章的推出，侠客岛在创办一年内收获30万粉丝。2014年，侠客岛获得人民日报社内部"优秀集体奖"。

2015年，侠客岛正式成为人民日报体系的一部分，并常以独立身份在《人民日报海外版》上发表文章。2018年，侠客岛获中国新闻奖首次设立的"媒体融合奖项一等奖"。如今，侠客岛与学习小组两大公众平台的文章阅读量平均都在10万左右，主创团队也吸纳了报社内部更多的年轻人加入。"多种生成，多元传播"是"中央厨房"的核心特征之一，侠客岛等融媒体工作室的成果同样如此。除微信公众平台之外，侠客岛建立并积极运营微博账号，入驻今日头条，文章内容也在腾讯、网易等门户网站甚至外媒上广泛转载。

"中央厨房"融媒体工作室的运作模式在侠客岛的创立发展过程中可见一斑，其特征可总结为三点：第一，始终坚持"为人民服务，对人民负责"的原则，在活泼生动的语态背后仍坚持重大话题与讨论的严肃性原则；第二，更多地为创新个人提供土壤而非改变机制，充分利用最新最热媒介技术，适应行业动态，展现出很高的个人探索性；第三，报社整体提供充分容错空间，不仅表现在对创新个人的鼓励与宽容，更表现在设立较宽的创新过渡保护区，将严格控制创新形式纳入常态的过渡进程。

侠客岛的成功彰显了个人理想情怀的巨大潜力，也折射出个人理想背后的人民日报社的创新文化氛围。人民日报提供的资源在侠客岛的成功之路中无疑是必不可少的，五位创始人的业务水平和敏锐洞察力在很大程度上来源于在人民日报海外版工作期间的磨炼。尽管起初秉持民间姿态，但"吃透中央精神"的能力与党媒背景的权威性使侠客岛的文章有别于其他自媒体。同时，在正式成为人民日报体系的一部分后，报社驻各地的优秀记者、评论员也为侠客岛提供了强有力的支持。

1.4.2 技术创新创造传播奇迹——"快看呐！这是我的军装照"H5

2017年是中国人民解放军建军90周年，为了能让人民群众一起参与到建军节的互动中，人民日报"中央厨房"推出了"快看呐！这是我的军装照"H5（以下简称"军装照"H5），让强军爱国的正能量借助网络平台强大的流量效应广泛传播。

"军装照"H5以不同年代的军装作为切入点，从结构上看分为三个部分：第一部分，1927—2017年间的建军相册，自动翻页展现我军军容军貌；第二部分，引导用户自主选择"红军照""抗日战争照""解放战争照"等军装样式，上传自身照片补全军装照；第三部分，生成专属军装照，通过参与用户在社交媒体转发吸引更多新用户参与。

根据人民日报客户端提供的信息，"军装照"H5由人民日报客户端策划出品并主导开发。产品制作周期为两周，客户端编辑负责创意策划、脚本设计、资料搜集。腾讯集团媒体中心深度参与，在"军装照"H5上线后和人民日报客户端团队一起全程监控产品运行。

为确保"军装照"H5内容准确，在人民日报社政文部军事采访室的大力支持下，人民日报联系了国防大学联合勤务学院专门研究军服的老师，为"军装照"H5制作团队详细讲解人民解放军军服演变历史，并协助对"军装照"H5原始图审核把关。经过审定，团队选定11个阶段的22种不同的军装，每个细节以既严谨而又简化的方式呈现。

人民日报联合腾讯天天P图客户端，借助其在人脸美化方面的技术优势，达到图片的美化效果——H5中的人像面色红润，且保留相貌特征，具有真实感。天天P图采用面部融合技术，依托人脸识别算法，结合深度学习引擎，快速精准定位人脸关键点，将用户照与特定形象进行面部层面融合，使生成的图片同时具备用户与特定形象的外貌特征。在找点的过程中，不仅需要人工智能技术的支持，还要使用腾讯优图的深度学习技术，利用神经网络对图片进行学习分析，找到人脸图像的关键点。进行关键点提取后，天天P图的技术团队运用针对性算法，对用户图片进行再次分析修正，达到面部颜色均匀的效果。丰富的人像处理技术实力，是军装照能够"刷屏"的关键原因，展现了技术创新对传播效果的强大助力。

人民日报依赖腾讯云部署了数千台腾讯云服务器，确保应对海量的用户请求。而人民日报客户端的第三方供应商"未来应用"则负责完成H5的前端设计开发和前端服务器维护。

"军装照"H5充分利用H5技术和传播的优势，收获了惊人的传播效果。H5上线两天后浏览量便突破2亿，连续"刷屏"3天，引发网友、名人和明星等全民参与。"军装照"H5的优秀范例启示我们，融媒体创作既要有温度、有深度，也应巧妙利用网络技术和传播平台使主流宣传作品得到生动而广泛的传播。

1.4.3　2018两会进行时特别节目——河南时刻

2017年全国两会期间，人民网首次在PC端和移动端推出直播栏目"两会进行时"。截至两会结束，直播的观看人次超过1亿，创下中央重点新闻网站两会直播新纪录。2018年两会时，人民网向入驻的地方广电媒体开放演播室，联合制作大型全景式直播栏目"两会进行时"地方特别节目。"2018两会进行时特别节目——河南时刻"由人民网总牵头，利用品牌节目"两会进行时"的权威和地方党媒的地域影响和渠道，在人民网设置主演播室，在河南代表团驻地设置河南电视台分演播室，由河南广电与人民网人民视频同步策划、同步实施、同步播出。直播全程的风险把控权、内容的终审权以及版权悉归人民网所有。

2018年3月15日下午，全国人大代表、濮阳西辛庄村党支部书记李连成，全国人大代表、中信重工党委书记、董事长俞章法，全国人大代表、河南财经政法大学校长高新才，人民日报经济社会部主编高云才等做客人民网主演播室，讲述河南乡村奋斗实践。

在直播的预热期，河南广电设置了乡村振兴、振兴实体经济、建设国家中心城市等焦点话题，由人民视频布阵进行强推，吸引了全国观众对河南问题的关注。节目以现场嘉宾访谈、记者连线、创意短视频、网友互动等形式整合推出。党媒公共平台、腾讯网、河南广播电视台、映象网、猛犸新闻客户端、大象网等媒体同时段落地。各大端口及时对节目的亮点内容进行拆条，打造适合移动端传播的"短小"精品。通过强强联合、多频共振，节目播出的24小时内，人民网、党媒平台渠道浏览量突破1000万人次，河南广播电视台旗下平台浏览量突破650万人次，总浏览量突破1650万人次。这场中央与地方党媒的跨界、跨区域互动，无疑是一次党媒融合创新的成功尝试，也是互联网各大平台的重大新闻传播的热点之一。

1.5 社会影响与讨论

人民日报"中央厨房"自2015年开始搭建，规划设计可以追溯至更早，从业务、技术、资源聚合三个方面进行了大量创新，"一次采集，多种生成，多元传播"的特点使其成为中国融媒体发展的标杆。

"中央厨房"模式为新闻内容生产质量与分众传播效果带来了多方面的积极效应。其模式发轫于地方党媒的创新尝试，并在自身建设成熟后再次带动地方"中央厨房"建设。对人民日报"中央厨房"模式的全面探索与评估将为我们带来媒体创新的更多思考。

1.5.1 "中央厨房"模式的积极效应

"中央厨房"创新模式为最终新闻产品与传播效果带来的积极影响主要体现在内容生产效率、产品专业品质、融媒体意识三个方面。

就内容生产效率而言，各平台在共享信息资源的情况下，避免重复的信息采集和整理环节，降低新闻生产成本，提高新闻生产效率，大大提高了报道时效性。

就产品专业品质而言，人员按照报道领域（如时政、财经、体育等）而非传播渠道（如报纸、新媒体）进行分工，有助于专业化协作，提高了新闻产品的专业品质。在"中央厨房"模式建立后，接连不断生产出文字、音视频、数据新闻、H5、动画甚至表情包、VR等专业性和大众口碑俱优的"爆款"产品。例如，"军装照"H5创下业界单个H5产品访问量新高；公益短视频《谁是站到最后的人》以"军人依法优先"为讨论主题，视频上线后引起强烈反响，浏览量超过1亿次。

相较于前两者，融媒体意识的进步不够具体、可视、可量化，却更加潜移默化、影响深远。新媒体人员从一部门集中转为多部门扩散，化解了新媒体相对于全社的独立性，使新媒体意识、融媒体意识浸润到每个部门和工作组中，原本对新媒体了解不深的传统采编岗位人员，在交流、合作中也逐渐认识到新媒体在时代发展和技术进步下的不可阻挡之势，把握新媒体规律，使人民日报社整体更好地适应媒介发展趋势。

1.5.2 "中央厨房"模式的地方推广

人民日报"中央厨房"依托党媒的属性和创新内容本身的吸引力不断扩大创新影响力，向地方推广移植。截至2018年，全国已有近60家地市级以上各类媒体开始尝试"中央厨房"模式。模仿和学习成为向全国党媒推广融媒体理念意识、报道方式的有效途径[①]。

以"移植""推广"等词汇概括地方媒体"中央厨房"模式的产生和发展并不准确，事实上，中国媒体"中央厨房"模式的萌蘖正是起于地方。2007年广州日报社成立"滚动新闻部"，作为记者供稿与渠道发稿的中介，具有"一次采集，多元传播"的雏形。同年，国家新闻出版总署推出"全媒体数字采编发布系统工程"，以南方报业传媒

---

① 陈国权.中国媒体"中央厨房"发展报告［J/OL］.新闻记者，2018，419（01）：50-62.

集团、烟台日报传媒集团等媒体单位作为数字复合出版研发试点。但彼时技术更新与平台建设还停留在初期，组织架构与人员分工不成熟，时代发展对媒体融合还未形成强势呼唤，地方媒体的“全媒”尝试并未取得突出成效。

在2014年媒体融合大潮下，人民日报社进行“中央厨房”模式创新，也带动了地方“中央厨房”建设。参考以往相关研究，笔者认为，地方媒体“中央厨房”按照与中央媒体的关系可划分为“分支型”与“自生型”两类，前者以河南日报报业集团、深圳报业集团、上海报业集团等为代表，与人民日报社达成技术与内容方面的合作；后者以山东大众报业集团、江西日报社“赣鄱云”等为代表，致力于进行区域内部媒体资源整合。在“中央厨房”功能定位上又分为长期、短期两种，前者已形成独立空间、独立平台或独立部门组织，在媒体集团中长期发挥协调作用；后者仅在重大新闻报道时发挥作用，例如，2017年两会期间黑龙江广播电视台建立的临时“中央厨房”等①。

1.6　创新机制反思

创新不是独立主体单方向对产品、组织、制度等施加的瞬时行为，而是一个连续、有机的过程，其中存在创新者与创新对象、资源和环境的互动，以及创新者群体内部横向、纵向的互动。

创新者与消费者（在传媒业中具体表现为受众）、政策制定部门

---

① 信息来源：中国记协.黑龙江广播电视台：“五化”战略撬动纵深发展 | 社长总编谈媒体融合［EB/OL］. http://www.fjrtv.net/3g/folder8600/2022-12-20/4610344.html.

甚至非人因素构成一张"行动者网络"，各个结点彼此协调、共同配合，达到个人能动与才智到达不了的高度，从而实现现代创新的超越性，并使创新摆脱"天才式"偶然的灵感火花，保证组织整体创新生产和再生产的稳定。

因此，兼具超越性和稳定性创新行为的产生不仅依赖各主体的简单聚合，更需要一定的规则和机制，以调动每个个体和组织整体的创新潜力。

创新的最终目的是实现创新本身的持续和推广。"中央厨房"模式并非完美无缺，其是否适合在地方各级媒体普遍推广也有待讨论。无论是媒体内部的"多种生成"还是党媒公共平台，共享信息都难以避免地带来生成内容的同质化。此外，就创新体制而言，也存在依赖顶层领导设计和基层个人自觉的问题。然而，无论各类媒体如何借鉴"中央厨房"的经验，相关负责人应当谨记内容提质是最核心的、最本质的目的，而内部机制和流程的改革永远是实现这一目的的首要途径。

参考文献

陈国权.中国媒体"中央厨房"发展报告［J/OL］.新闻记者，2018，419（01）：50-62.

02 央广传媒：新媒体的驱动力

张佳伟 雷蕾 贺一

作者简介：

张佳伟，清华大学新闻与传播学院本科毕业生。

雷蕾，清华大学经济管理学院本科毕业生。

贺一，清华大学核能与新能源技术研究院硕士研究生，研究方向为气候变化经济学。

在如今的互联网潮流中，广播这一媒介形态正面临挑战，生存空间逐渐被压缩。但由于音频的特性，它也具备其他媒体不具备的优势。央广新媒体公司作为一个广播媒体，紧紧抓住这一优势，立足广播，进行媒体融合以及创新，打造特色移动产品矩阵，同时积极进行体制机制改革，营造鼓励创新、"年轻人说了算"的文化氛围。央广新媒体的传播平台主要是"两微一端"，依托平台打造特色栏目，如《嗨！七点出发》、夜听、中小学语文示范诵读库等央广新媒体的"明星产品"。

2.1 央广新媒体的发展历程

2018年3月，根据《深化党和国家机构改革方案》，撤销中央电视台（中国国际电视台）、中央人民广播电台（以下简称央广）、中国国际广播电台，整合为中央广播电视总台。央广作为该体系的一个重要部分，涵盖众多广播类型和节目。如图2-1所示，中间的实心圆环表示的是央广传统的广播频率，如音乐之声、民族之声、交通广播等；周围的白色圆环内是近些年入驻的平台，如央广视讯（专做手机端新闻）、央广网（主要做网页端新闻）、GITV互联网电视等。

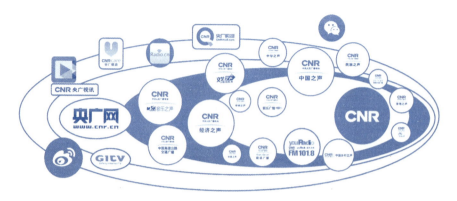

图2-1　中央人民广播电台构架图

资料来源：央广新媒体公司

目前，央广网全平台覆盖人群数达6800万人次，发布内容覆盖大小屏日均累计达2.1亿块。"央广网"微博、"中央人民广播电台"微博账号互动总量超540万次，大小屏覆盖人群逾3.2亿；"央广新闻"微信公众号、央广网微博及其他央广网自媒体号粉丝数达1800万[①]。

2.1.1　新媒体业务板块基本情况

央广新媒体业务的运营主体，主要是一个全资公司（央广新媒体）、两个控股公司（央广视讯手机电视、银河互联网电视）和一个参股公司（央广之声）。

央广新媒体公司是中央台融媒体新闻指挥中心的支撑主体，亦是媒体融合发展重点项目中国广播云平台的建设主体。2016年，央广新媒体全面接管音乐之声传媒、央广都市公司、央广财经公司、央广盛和公司业务，全面负责全台节目制作、国际传播、地面活动业务，全

---

① 信息来源：央广新媒体公司。

面接受台湾网、民族网整体技术支撑业务[①]。

目前，央广新媒体公司是中央重点新闻网站——央广网（cnr.cn）、全国电台集成播出平台、音频网络门户——中国广播（radio.cn）和国家应急广播网（cneb.gov.cn）的业务运营主体。

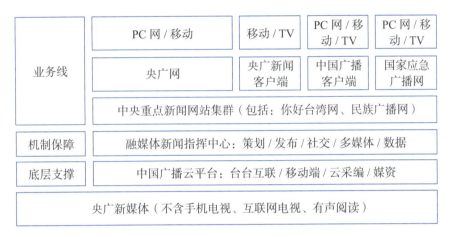

业务线	PC网/移动	移动/TV	PC网/移动/TV	PC网/移动/TV
	央广网	央广新闻客户端	中国广播客户端	国家应急广播网
	中央重点新闻网站集群（包括：你好台湾网、民族广播网）			
机制保障	融媒体新闻指挥中心：策划/发布/社交/多媒体/数据			
底层支撑	中国广播云平台：台台互联/移动端/云采编/媒资			
	央广新媒体（不含手机电视、互联网电视、有声阅读）			

图2-2 央广新媒体业务构架图

资料来源：央广新媒体公司

2.1.2 央广新媒体创新背景

2014年8月18日，习近平总书记在中央全面深化改革领导小组第四次会议上的讲话中提到，推动传统媒体和新兴媒体融合发展，要遵循新闻传播规律和新兴媒体发展规律，强化互联网思维，坚持传统媒体和新兴媒体优势互补、一体发展，坚持先进技术为支撑、内容建设为根本，推动传统媒体和新兴媒体在内容、渠道、平台、经营、管理等方面的深度融合，着力打造一批形态多样、手段先进、具有竞争力

---

① 信息来源：对央广新媒体公司执行总裁李向荣进行访谈。

的新型主流媒体，建成几家拥有强大实力和传播力、公信力、影响力的新型媒体集团，形成立体多样、融合发展的现代传播体系。要一手抓融合，一手抓管理，确保融合发展沿着正确方向推进。

2018年3月，根据《深化党和国家机构改革方案》组建中央广播电视总台，撤销中央电视台（中国国际电视台）、中央人民广播电台、中国国际广播电台建制。对内保留原呼号，对外统一呼号为"中国之声"。

2018年4月19日9时，新组建的中央广播电视总台正式揭牌亮相。总台成立以来，三网紧密联动，定期召集策划会，共同部署报道方向、展开分工合作。资源整合，共同策划、联合采访、统一发布，实现"1+1+1>3"的传播效果。

2.2　央广新媒体创新方式

2.2.1　管理机制

融合发展，首先要打破机构的壁垒和平台的藩篱，才能统筹调度资源，逐步实现人员、管理、运营融合，激发融合发展的内生活力。如图2-3所示，央广新媒体以中国广播云平台为依托，将事业体制（融媒体新闻指挥中心运营办公室）和企业体制［央广新媒体文化传媒（北京）有限公司］两个抓手进行统一。融媒体新闻指挥中心负责指挥调度，新媒体部负责企业的日常运营，借助中国广播云平台进行指令的上传下达，积极引入市场竞争机制，激活产业要素，使得整体上分工更加明确，新媒体进行创新有更大的空间。

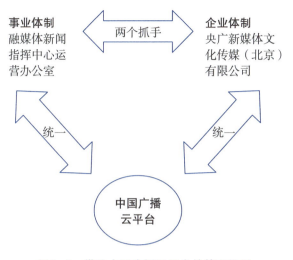

图2-3 借助中国广播云平台的管理机制

2.2.2 新媒体内容

在内容形式方面，央广的媒体报道不再只局限于广播的形式，而是全媒体的报道，包括手机端、电视端、动漫等各种形式；在生产流程方面，以前是一种封闭的生产流程，所有的资源采集后必须回到内网进行加工，现在只需使用手机便可以快捷加工生产，而且审批流程简化，实现了线上审批；在产品风格方面，改变了之前"根正苗红，严肃庄重"的风格，创新性地采用"活泼可爱小清新"的风格；在传播渠道方面，以前只有广播和电视，现在有网易号、今日头条号、百度号等网络传播矩阵；接收终端也在变化，现在更多的是手机移动端，和以前的接收终端，如报纸、广播、收音机等完全不同；同时，用户的使用习惯也在改变，手机已经成为受众接收新闻、日常活动中不可或缺的工具。

| 央广新闻 | 中国广播 | 国家应急广播 | 手机直播 | 广播云采编 | 微博 | 微信 |

图2-4　央广新媒体移动端传播矩阵

央广新媒体关于产品规划的核心理念为聚焦新闻资讯领域、重塑四类新闻产品，具体分为以下四点。

（1）以中国之声、经济之声为代表的传统新闻资讯广播

央广新媒体保证广播节目制作播出的稳定和安全，保证广播影响力的巩固和增长，按照媒体融合要求对组织架构、资源配置、发展方向做出相应调整，充分利用微博、微信等成熟产品和台内新媒体平台，扩大传统无线覆盖之外的影响力和竞争力。

以《中国之声》为例，这是中央人民广播电台的第一套节目。《中国之声》打造的全国广播联盟，通过资源整合将全国各地分散的信息在一定程度上集结，经过选择整理，传播的信息更加符合公众需求和媒体风格，能够有效传播和引导信息。在广播节目产品上，《中国之声》体现了积极、健康、广泛的文化规范和价值标准，节目话题内容涉及经济、文化等多个领域，具有相当的深度和前瞻性。同时注重关怀不同社会群体和体现不同文化价值，在体现主流文化价值观的同时兼有对小众文化和听众价值观的关怀。

在新媒体创新中，《中国之声》保留和发挥其作为广播媒体平台最大的优势——声音。声音是广播的特色，也是差异化发展中可利用的资源。2017年以来，《中国之声》的时政报道着力打造习近平总书记

"原声"系列，特色鲜明，将总书记的重要讲话原声呈现给受众，同时围绕声音素材开发一系列新媒体交互式H5产品。在声音开发上，《中国之声》还充分利用广播独家声音、高品质声音的优势，在新媒体产品中突出声音元素，制作有声微博和微信内容，围绕声音的独特性放大效果等。例如，2016年神舟十一号飞船发射当天，《中国之声》记者独家拿到发射过程中的舱内录音，经过技术处理后可以听清航天员之间的对话内容，这段珍贵的声音立刻就通过微信成为火爆的新媒体产品。在利用声音优势差异化传播的同时，《中国之声》也融入新媒体的内容，如开设"微博热议"栏目，在日常广播播出微博热门话题的留言，使微博用户可以参与到广播节目的制作中。

（2）以央广网为代表的中央台新媒体业务

央广网在新媒体创新中发挥着广播与社会强势传播平台的桥梁作用，将核心资源和优秀人才聚合到新媒体业务中，做到一体化生产、传播、运营媒体融合新产品。

央广网在产品创新等多方面深入推进媒体融合，如创新使用"手绘动画""声漫""微图解"等多种新媒体传播方式，推出了《嗨！七点出发》《数描中国》等新媒体品牌栏目，形成了以声音为统领，集音频、视频、图片、文字、漫画等于一体的央广新媒体作品风格，提高了央广的品牌知名度和辨识度。《嗨！七点出发》栏目中"每日一习话"音频专栏，将习近平总书记的重要讲话、论述与传统文化相结合，深入浅出地阐释习近平新时代中国特色社会主义思想。栏目融合了音视频、图文等多维度元素，为用户带来短平快的视听体验，吸引年轻受众的关注转发和互动。《嗨！七点出发》栏目推出半年后，各平台累计阅读量突破2亿。2018年3月总台成立以后，央广网立足总台新媒体，积极融入总台重大主题报道统一部署、共同策划机制，推出了"你好！总台""听，习总书记论改革开放"等受到广泛关注和好评的产品，实现了"1+1+1>3"的传播效果。

（3）自建的平台类产品

在音频产品客户端，生产节目互联网化型产品；在新闻产品客户端，生产内容重构化型产品；在应急社区产品客户端，生产独立创新型产品。

（4）可进驻的非自建平台类产品

与新闻产品和音频产品的客户端不同，在微博、微信等平台央广以推广、互动、调查等功能为主，全台统一规划管理，内容推送由各频率（节目、主持人）根据需求和特点负责，对外合作谈判由新媒体宣传中心联合各频率与合作方对接。借助其他平台进行传播是传统广播进行新媒体融合比较直接、便捷的方式，借助多元化平台的优势，从不同角度最大化突出广播内容的亮点，实现传播效果的最优化。比如，为广播节目开通微信账号，可以结合传统广播的节目资源优势和新媒体的技术。在微信账号上，可以利用图片、文字、音视频等多重手段对广播节目进行推荐、解读等，弥补传统广播节目线性传播的缺陷，并且借助微信平台的流量扩大节目传播范围；还可以利用微信的互动功能开发以听众语音为主的广播节目，突破传统广播节目全知视角叙事的模式，探索新的互动方式；微信的快速传播也可以针对突发新闻进行即时传播，增强时效性。

2.2.3　人才培养

央广新媒体板块全资和控股企业共有员工近800人。以央广新媒体公司为例，目前有1个职能事业群、8个业务事业部、40个管理和业务部门、33个地方频道。公司员工拥有211院校本科学历的比例较高，30岁及以下员工占68.1%，31岁至40岁员工占28%①。

关于人才培养，其主要创新内容包括：创新考评机制，在原有业务绩效考核的基础上，加强对传播效果的考核，建立用户数据、营销数据以及以市场业绩为导向的评估机制；任务拆分给各个部门分工协作的"部门制"，逐步转化为临时组建团队一起完成任务的"团队制"；举办《嗨！七点出发》创意技能大赛等活动发掘人才；创新生产流程，实现全员生产、逐级审核，建立全台统一的全媒体指挥中心和24小时新闻会商机制，增强整体策划和议题设置能力；创新组织架构，实现传统媒体和新媒体组织结构与人才队伍的融合管理，建立健全优秀人才双向流动的管理和服务机制。

（1）尊重创意，建立薪资鼓励机制

在改革的路上，央广新媒体希望打破传统思维模式，给年轻员工表达自己的机会，尊重他们天马行空的创意，争做"年轻人说了算"的公司。

传统媒体给员工发放薪资大多是在基础工资外单纯采用绩效考核的方式。这种方式会让员工产生"只要不出事，拿的工资就一样多"的想法，不能调动员工的创新积极性。而在央广新媒体的改革中，除了绩效考核，又增设工作室制、团队制等薪资发放模式。团队制的方式，是指在不改变原有部门结构的情况下，从所需的各个部门抽出一部分人，组成一个工作团队，共同跟进和完成一个工作项目。原有的

---

① 信息来源：对央广新媒体公司执行总裁李向荣进行访谈。

部门维持原有的工作进度和内容，抽调出来的人专门负责所在团队的这部分工作。根据实际情况和工作量，参与团队的工作可以算作正常工作内容，也可以是额外的工作。

以"嗨！七点出发"工作室为例，它采用承包的方式，由多人自愿临时组成团队，完成任务后就可以获得这个项目承包的一部分奖励金。以往的节目制作把一个节目分成几个部分，如新闻采编、视频制作、播音等，再分配给相关部门完成，之后汇总播出。而"嗨！七点出发"工作室是征集新闻采编部门、视频制作部门等相关部门的人员，共同组成一个制作团队。征集到的人员，不仅覆盖了节目制作的所需部门，而且大多都已经对节目产生想法和兴趣，保证他们在节目制作中富有热情和创意。团队负责节目的制作、改进、创新，而上级主管只做好必要的审核工作，不做太多原则以外的限制，让团队在最大限度上进行碰撞和创新。这样的做法在很大程度上释放出央广内部年轻人的创意和活力，再加上团队工作的绩效与奖金激励，一起推动《嗨！七点出发》栏目的亮相与蓬勃发展。

（2）对内交流，对外借鉴

央广新媒体公司会不定期举办有关公司制度、法律制度和针对大事件口径等的培训活动，为员工搭建交流平台。例如，2018年举办的"网站建设大家谈"主题演讲竞赛，旨在激励工会会员结合个人岗位职责和业务实践，围绕三网融合、总台总网的建设和央广网自身的发展建设提出个人的建议、意见与想法。

在目前新媒体膨胀的时期，央广的媒体创新也面临很多同行和同类型产品的挑战。面对市场竞争，央广是虚心学习的。采访中了解到，央广员工会与网易、今日头条等交流学习，借鉴媒体创新方面的优秀案例，结合央广自身情况进行自我更新和优化。除此之外，公司也会不定期组织员工与腾讯等企业的策划、技术人员一起交流，共同成长。

2.2.4 云技术

互联网技术的发展、中国广播云平台的建造，为央广的媒体创新提供了技术支持。中国广播云平台是一个基于移动互联网及智联网、车联网等新媒体领域的内容集成和运营平台，面向全国广播电台及宣传媒体，提供新闻采编、融媒建设、定制研发、创新产品、节目制作等行业服务。云平台极大地便利了信息的共享与传播，促进了不同广播媒体的合作，为媒体创新提供了更多的可能性。中国广播云平台主要以三大业务板块——云采编、云媒资、云发布为基础，从新闻采编业务、内容资源和权威发布渠道三方面提升主流媒体的传播力、公信力和影响力。

表2-1 央广新媒体移动端传播矩阵

云采编	提供个人电脑端、苹果操作系统及安卓移动化采稿、审稿功能，支持多终端报题、选题、写稿、审稿等操作，简化了新闻采编过程中烦琐的流程和硬件设备需求。
云媒资	依靠互联网大数据和关键音频技术，挖掘、汇聚、整理海量音视频资源，为用户提供媒资和收听服务。同时，云媒资系统依托技术手段，使新建系统支持具有版权信息的媒资编目需求，实现对每条音、视频素材进行版权标记，从而更好地解决版权问题。
云发布	支持多渠道（互联网、车联网、智联网等）、多终端（平板电脑、手机、车载终端、人工智能终端等）的分发需要，增强节目生产互动性，做好大数据分析，提供企业和企业的电子商务交易（B2B）、企业和消费者的电子商务交易（B2C）、线上到线下（O2O）等多种服务，提供在线音频直播和新闻推送服务。

在新闻采编上，央广立足广播行业的特点，结合移动互联网、大数据、云计算等新技术，对新闻采编中的各环节进行重新定位和

思考，构建一套新闻采编业务流程，打造一体化新闻业务采编平台。中央和地方电台、网站以及地方记者和编辑都可以利用云平台进行新闻写稿、编辑和信息共享，在平台上进行工作交流。云平台还汇集各类新闻线索，通过大数据分析，把全部信息形成结构化的数据储存在平台中，使得平台中的采编人员无须使用多个信息系统，就可以共享各个频率、电台、机构的全媒体素材，并且可以对热点话题进行了解并追踪报道。而且，云平台在手机、平板电脑等多终端均可使用，打破办公地点的束缚，让采编人员不用回到办公地点就可以开始采编流程。云平台支持多终端的报题、选题、写稿、审稿等操作，还有节目串联单、节目播出单的生成、下载，可以自动统计文稿播出时间，大幅提升了新闻采编效率。除此之外，通过大数据统计和分析报题、稿件等数量，以及新闻的关注度、热度，可以关联采编人员的绩效，对领导的决策、任务的分配、岗位的匹配等具有指导意义。

在媒体资源上，借助大数据和关键音频技术，整合历史积累的海量广播节目资源，央广为电台行业用户提供行业云媒资服务。很多地方的广播电台受经济、技术、规模等方面的限制，有的只有小型媒资库，有的只有光盘存储和本地硬盘存储，有的甚至没有存储。而云媒资通过整合已发布的海量历史资料，提供云端存储和共享服务，很好地解决了中央台、地方台音频节目资源储存和共享的问题，将资源有效利用起来，盘活有用的历史音频数据，汇聚精品广播电视节目。只需开通一个云媒体账号，用户就可以在云端建立自己的媒资，进行建立栏目、上传节目、编辑节目等工作。同时，云媒资还提供标准化的音频、视频格式，能够实现各类素材统一转码，减少了不同类型素材和编辑工具等导致的繁复流程。新建的云媒资系统中增加了版权编目信息，对音、视频素材进行版权标记，降低了侵权风险。云媒资平台的云端储存和共享服务，有助于实现平台优质节目的交易和分享，让有价值的节目得以真正运营、合理流通。例如，地方台的优质节目，通过云媒资的传输共享有条件地给中央台开放权限，由中央台下载后播出。

在节目发布上，央广将自己已经开发的接口和成功的经验与全国电台进行分享，如和客户端、网站、车载连接等。新闻稿件、广播节目等经过深加工以后可以通过云发布系统进行统一发布，支持一键发布到移动端、PC端等不同新闻端口。同时，云发布还陆续与全国多家电台媒体建立战略合作关系，在多方面建立传播渠道。云媒资与云发布的接口也逐渐被打通，实现海量节目资源的多渠道发布，加强对外服务能力。

在定制化的研发等服务上，央广对不同实力的地方电台进行分类，划分为A、B、C三类。对每一个电台进行一对一沟通，包括提供的节目收录、节目内容汇聚，以及云平台的资源共享和媒资版权等。在整合广播行业优势资源的基础上，因地制宜地支持各地广播电台开展媒体融合与业务创新。

云平台将全国绝大多数广播电台的内容贯通起来，有助于实现广播行业"上下联动、内容共享"的整体发展局面，有利于促进全国广播内容资源的整合，促进大广播的发展，提升我国广播主流媒体的传播力、引导力、影响力和公信力。

2.3 创新动力因素分析

央广进行媒体创新并取得一定成绩，其动力来源于国家政策与市场导向的推动。图2-5显示了央广在外部环境驱动下，内生创新的具体结构。随着经济的发展，人民生活水平提高，互联网技术和普及程度提高，新时代的消费者希望可以通过视觉、听觉、感觉等多方面、多渠道随时随地获取新信息，这就迫使传统媒体进行转型以赢得更多市场用户。2014年，习近平总书记提出推动传统媒体和新兴媒体在内容、渠道、平台、经营、管理等方面的深度融合。面对国家的号召和市场的需求，央广作为重要的主流媒体，响应国家需求，结合市场趋势，开始了创新转型的尝试，同时国家也给予了一定的支持。因此，政策环境和外部市场环境的变化是创新的重要动力。

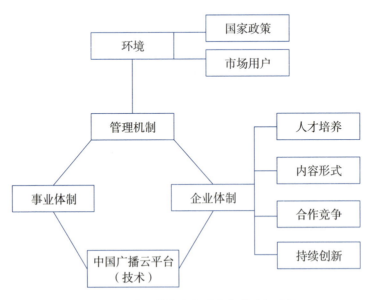

图2-5　央广新媒体创新动力与模式概念图

2.3.1　国家政策

2014年，习近平总书记主持召开中央全面深化改革领导小组第四次会议时表示，推动传统媒体和新兴媒体在内容、渠道、平台、经营、管理等方面的深度融合。

2018年4月，国家新闻出版广电总局发布《广播电视台融合媒体互动技术平台白皮书》，指导和规范广播电视台融合媒体用户互动技术的实施应用，促进广电行业融合媒体技术发展。

2018年9月11日，中国机构编制网发布了《国家广播电视总局职能配置、内设机构和人员编制规定》事项公告，阐明了国家广播电视总局的主要职责、内设机构、行政编制等规定，并新增设了媒体融合发展司。

2019年1月，习近平总书记在中共中央政治局第十二次集体学习时发表重要讲话，提出党报、党刊、党台、党网等主流媒体必须紧跟时代，大胆运用新技术、新机制、新模式，加快融合发展步伐。着眼党和国家事业长远发展，深刻分析全媒体时代的挑战和机遇，科学把握媒体融合发展的趋势和规律，明确提出了推动媒体融合向纵深发展的重大要求。

中央人民广播电台作为中央媒体，响应媒体融合的国家需求，积极开展媒体创新的尝试。每年国家有关部门会给予牌照资源、项目资金等支持媒体创新项目的开展和深入研究。

2.3.2　市场和用户

《2018年全国广播电视行业统计公报》显示，截至2018年底，全国广播综合人口覆盖率达98.94%，随着中央广播电视无线数字化覆盖工程的推进，全国广播电视无线覆盖率稳步提升[①]。

第43次《中国互联网络发展状况统计报告》显示，截至2018年12月，我国网民规模达8.29亿，全年新增网民5653万，互联网普及率为59.6%，手机网民规模达8.17亿，网民通过手机接入互联网的比例高达98.6%[②]。互联网市场由新兴变向成熟、粗放式变向精细化、本土化变向国际化，传统媒体与互联网的界限日渐消融，原有的行业划分方式和分析模型难以体现传媒产业的全貌与变化[③]。互联网发展改变了用户的偏好和消费习惯，深刻地影响了传媒领域，传统的报纸逐渐趋于消亡，传统广播也面临危机。

各类媒体亟须改革创新、谋求发展，同时同类媒体，如今日头条等纷纷推出新媒体产品和服务。在音频市场上，移动电台APP通过布局各类有价值的场景，有效抢占用户的更多时间，如蜻蜓FM以睡眠等更精细、垂直的场景布局，喜马拉雅FM侧重知识学习，荔枝以语音直播为核心，这些原创平台的增多使央广在市场中面临的竞争更加激烈[④]。

所以，央广同时面临来自竞争者的压力和市场用户变化的压力，

---

① 国家广播电视总局.2018年全国广播电视行业统计公报［R/OL］.（2019-04-23）［2023-06-20］.http://www.nrta.gov.cn/art/2019/4/23/art_2555_43207.html.

② 中国互联网信息中心.第43次中国互联网络发展状况统计报告［R/OL］.（2019-02-28）［2023-06-20］.https://www.cnnic.net.cn/NMediaFile/old_attach/P020190318523029756345.pdf.

③ 崔保国，杭敏，周逵.中国传媒产业发展报告（2018）［R］.北京：社会科学文献出版社，2018：1-26.

④ 《2018年中国广播收听市场年鉴》编委会.中国广播收听市场年鉴［M］.黄学平，主编.北京：中国传媒大学出版社，2018.

顺应时代改革潮流进行媒体创新转型成为必由之路。

2.4 创新案例分析

我们选取了央广新媒体的明星产品《嗨！七点出发》和"中小学语文示范诵读库"作为案例进行讨论。央广的早间新闻《嗨！七点出发》不同于大多数严肃、平实的新闻栏目，该栏目融合音视频、图文等多种元素，力争在每日清晨为受众送上一份充满"清新范儿"的资讯"早点"。作为央广新媒体改革的明星产品，其创新之处值得我们分析和借鉴。"中小学语文示范诵读库"由中央广播电视总台和教育部于2018年5月19日联合推出，旨在为中小学生提供最标准、最权威的语文教材朗读资源，让更多孩子尤其是偏远落后地区的孩子从小可以听到、学到标准的普通话，获得更多的教育资源。该栏目既发挥了广播的独特优势，同时也与社会公益相结合，在一定程度上推动了我国语言文字事业的发展。两个案例分别从不同层面阐述了央广新媒体的创新举措，从"清新范儿"的风格包装到公益性内容主体，从追求更好的传播效果到普及教育资源，央广在进行自身媒体改革的同时也在积极发挥自身优势，彰显其社会属性。

2.4.1 《嗨！七点出发》

（1）栏目起源

近年来，广播收听终端呈现移动化、网络化、智能化的趋势。同时，听众结构也呈现年轻化、高知化、高质化的迭代趋势。央广持续数年的早间新闻栏目——《新闻早点到》，因其排版、形式较为单一，以图文形式为主，逐渐难以吸引受众。收听方式及其带动的听众结构的转变要求广播媒体进行适时的改革。于是在2018年4月，早间新闻栏目的改版逐渐被提上日程，主要聚焦点在于发挥广播电台在播音方面的优势，同时考虑到时代以及主要受众的转变，进行风格的年轻化转型，使群众摆脱对央广的刻板印象。同时，在内部征集关于栏目名称、Logo的创意想法，最终做出年轻化、"清新范儿"的青春活泼风格的尝试。《嗨！七点出发》通过与中国交通广播合作，于"央广新闻"微信公众号和"央广新闻"客户端推出，适应了收听方式以及收听群体的改变，顺应了时代发展对广播媒体的要求。

（2）团队组建

《嗨！七点出发》采取招募报名的方式，鼓励感兴趣的员工报名参与到团队中，专职负责团队运营。通过自由、自愿的方式组建团队，能够最大限度地激发团队成员的兴趣和积极性，保证产品质量。在团队制的基础上，央广目前正在进一步深入推进，预计下一步将在公司内部发出"制作人征集令"，鼓励员工尝试自己写方案，担当制作人，可通过兼职的方式组建相对独立的团队进行运营。无论从内容还是形式上，都尽可能地赋予员工自主权，集思广益，发挥众人的积极性和创造性，尊重每一个创意的闪光点，这也呼应了新媒体公司打造的"年轻人说了算"的企业文化。

不同部门的人员逐渐形成一个高效运行的团队，需要经历一定的磨合期，栏目本身形成一个相对稳定恰当的风格也经历了一段时间的探索。作为一家央媒，不同于自媒体拥有法律之下相对较大的灵活性和自主性，央广承担了更多引导社会主流价值观的责任，要遵循许多体制之中的"条条框框"。因此，关于如何在体制的框架内实现所希望的清新活泼的效果，所谓"随心所欲不逾矩"，团队成员也一直在寻找二者之间的分寸，以期实现一种良好的平衡。

（3）内容生产

《嗨！七点出发》的新闻制作流程与传统的新闻生产类似：编辑将选题提交给主编—主编确认—编辑根据选题写文案—审文案—4点版面编辑刷新内容，对夜间新闻进行更新—和主播对接录音—各平台发布。整个流程在团队内完成，文案、排版、与主播对接、录音频、整合等，5个专职编辑各司其职，高效配合。

栏目最初拥有"七点·聚焦""国际新闻""七点·独家""七点·资讯""七点·新知""每日一习话""七点·荐歌"等板块。通过改版，目前形成了"七点·聚焦"（昨日今晨的焦点新闻）、"总台·独家"（来自央广网的独家新闻）、"七点·国内"、"七点·国际"、"每日·一图"（具有代表性的图片新闻）、"每日一习话"（特别摘选出习近平总书记系列重要讲话中的古语和典故，进行解读与古语释义）、"每日·新知"（有关博物、人文、历史等领域的知识点）和"每日·话题"（选取某一热点话题与网友互动）八个板块。内容涵盖新闻资讯、人文新知、交流互动等多个方面，并且以图文、音频、视频的方式呈现，给受众提供更好的服务。

两个版本仅历时两个月就进行了改进，改版更新的周期短暂，主要还是源于公司内部对创新和创意的鼓励。2018年8月，公司内部召开"《嗨！七点出发》2.0版灵感众筹会"，通过比赛征集员工的创意想法，集思广益，并邀请传媒领域的专家进行点评，对得到采纳的建议给予适当奖励，在很大程度上调动了员工的积极性和创造性，同时实现了栏目改版过程中新颖性与专业性的统一。

关于栏目的亮点，除去风格的"清新化"，团队力求做到精练又不失幽默的"一句话评论"，而不只是单纯地进行新闻报道，相对而言，给予网友更多看问题的角度。如在"国家网信办启动网络生态治理专项行动"的新闻下面给出"要百花齐放，不要'百鬼夜行'"的评论。但一句话评论同时也意味着着重于总结归纳新闻要点，对于评论的深度没有太大的发挥空间。在采访团队负责人时，对方也直言在一句话评论方面目前仍存在很大的提升空间，这将是今后一段时间团队努力的方向。

除了在一句话评论方面的亮点，央广也充分利用其央媒属性的便利性，计划与国家部委展开合作，如外交服务站、食药监服务站、铁路总局等，在栏目中发布更多具有服务性、提示性的信息，不断丰富栏目内容。

（4）栏目效果

央广新闻推出《嗨！七点出发》后，微信公众号阅读量在原来基础上增加约30%，头条号平台一期的阅读量可达70万人次，"每日一习话"的阅读量稳定在10万至20万[①]。《嗨！七点出发》以其清新明快的风格、全面丰富的内容、贴合群众口味的尝试得到网友的一致好评，在改版后的公众号留言中可以看到网友对栏目的评价总体较高：

@大漠孤烟："与时俱进，风格清新，态度严肃，为央广新闻点赞！"

@孙先生："七点出发打破传统新闻播报的刻板，节奏欢快、

---

① 信息来源：央广新媒体公司《嗨！七点出发》编辑朱虹。

风格清新，主持人声音真好听，早晨起来听到这个节目，心情更加愉悦。"

@布衣："相比之前，信息量更多、更全、更丰富。"

该栏目的推出，其实是央广媒体融合产品发展中的重要一步。《嗨！七点出发》同时推进了央广"进平台"和"建平台"的两大战略。在"进平台"方面，央广与各大社交平台展开合作，通过认证的频率、节目、主持人等在微博、微信上开设的官方账号约800个，初步形成了"移动产品矩阵"。在"建平台"方面，"央广新闻"客户端是央广自己的新兴媒体平台化产品，《嗨！七点出发》作为新闻资讯板块的重要组成，打通了央广在移动端最重要的新闻产品布局。

（5）总结

栏目主打年轻化、"清新范儿"的风格，更加适应听众收听方式和收听群体的改变。在与其他主流媒体的横向对比中，《嗨！七点出发》独具一格，使其在央广本身体量不大的情况下，也能够在早间新闻板块脱颖而出。在与自身的纵向对比中，《嗨！七点出发》栏目推出之前，《新闻早点到》栏目只有文字版的新闻资讯和生活提示信息，阅读量也仅仅维持在8000左右，缺乏互动。如今，每天的早间新闻阅读量已达万余人次，网友的留言互动也维持在数十条。可以说，央广年轻化转型的尝试是成功的。同时在"进平台"和"建平台"的战略层面助推媒体创新，未来，央广也会在改革创新的道路上持续探索。

2.4.2 "中小学语文示范诵读库"

（1）项目来源

2017年，教育部、国家语委印发了《国家通用语言文字普及攻坚工程实施方案》，数据表明，我国普通话普及率很不均衡，西部与东部有20个百分点的差距，大城市的普及率超过90%，而很多农村地区只有40%左右，有些民族地区则更低[①]。普及国家通用语言文字不仅能为民众日常交流提供便利，在国家层面上，国家语言文字事业关系全面建成小康社会的目标以及中华民族历史文化的传承。为实现"到2020年，在全国范围内基本普及国家通用语言文字"[②]的目标，规范的普通话教育要从小抓起。该项目的审核委员会负责人之一，教育部语言文字应用管理司负责人表示："打造声音版教材，对中小学语文教育是一项重要的基础工程，对孩子们通过中国最优美的声音，更好地理解我们课文的内涵，进而提升我们中小学语文教学质量，都是至关重要的。"

（2）制作团队

中央广播电视总台、教育部专门成立了由播音界和语文教育领域权威专家组成的审核专家委员会，对每一篇课文进行了认真的审核与把关，使其达到国家规范读音及表达标准。从"声源"上，播音团队

---

① 教育部国家语委.教育部国家语委关于印发《国家通用语言文字普及攻坚工程实施方案》的通知：教语用〔2017〕2号〔A/OL〕.（2017-05-15）〔2023-06-20〕. http://www.moe.gov.cn/srcsite/A18/s3129/201704/t20170401_301696.html.

② 教育部国家语言文字工作委员会.教育部国家语委关于印发《国家语言文字事业"十三五"发展规划》的通知：教语用〔2016〕3号〔A/OL〕.（2016-08-25）〔2023-06-20〕. http://www.moe.gov.cn/srcsite/A18/s3127/s7072/201609/t20160913_281022.html.

集结了近百位总台的优秀播音员、录音师等，如董卿、尼格买提等人，倾力打造一部"可以听到的"高质量语文教材。在技术层面上，项目使用了人工头话筒，这是迄今为止在音场再现方面最完美的一种高保真录放方式，录制时会尽可能模拟人耳听到声音的整个过程。

目前，该项目已经先后上线两批100篇音频教材，该音频产品可以通过多媒体教学设备、教学光盘等形式在中小学电子教室使用，也可以通过央视网、央广网、国际在线、教育部语用司网站、中国语言文字网及央广新闻客户端、央视新闻客户端、中国广播客户端等平台进行在线收听、收看[①]。对于缺乏条件的地区，中央广播电视总台和教育部以赠送播放器的方式让孩子们享受到同等的教育资源。

（3）项目效果

半年多来，通过"中小学语文示范诵读库"，全国约1.5亿中小学生和900余万教师听到了最标准的中国声音。第一批音频教材上线仅3天，"央视新闻"开设的微博话题阅读量便突破了6000万[②]。从网友以及家长的反馈来看，该项目基本达到预期效果：

> @"Phattarakorn"："现在很多中国人都还说不好中文，口音奇怪、字音不分、认错字、乱用成语。真的该从小进行标准教育了。"
>
> @"戎午杜马兴邦"："感谢他们，我家孩子正是需要的时候。"

---

① 中央广播电视总台央广网.最优美的中国声音 最标准的有声教材"中小学语文示范诵读库"第二季作品上线［EB/OL］.（2018–12–23）［2023–06–20］. http://edu.cnr.cn/eduzt/ywkwsfsd/sdyw/20181223/t20181223_524458854.shtml.

② 信息来源：中央广播电视总台中国之声.不一般的"有声语文教材"，有多好听？［EB/OL］. https://news.cctv.com/2018/12/23/ARTIDQmrSmfnPYP08lm4VdTI181223.shtml.

该项目不仅为孩子们提供了规范化的朗读资源，也传递了重视标准语言文字的信号，唤起社会对更深层次问题的关注。近期的"古诗词改读音"话题在网络上引起广泛讨论，许多网友质疑称，改变读音破坏了中国的传统文化。教育部回应称，改后的审音表尚未通过审议，当以原读音为主。因此，当字词读音随着时代的发展以及大众的使用习惯发生某些改变或偏差的时候，规范的教材音频无疑提供了一个统一的标准，以避免出现读音混乱的情况。但是根据以往经验，某些字词读音确实随时间发生了改变，如"说客""坐骑"等。在这种情况下，教材读音也应当得到及时的修正，以与时俱进，确保始终为中小学生提供最规范的教材诵读。

（4）总结

近年来，许多在线音频平台纷纷涌现，如"喜马拉雅FM""蜻蜓FM""荔枝"等。与一般的音频平台相比，央广新闻客户端在版权和内容方面具备很大优势。"中小学语文示范诵读库"项目由中央广播电视总台和教育部联合打造，不存在版权纠纷的问题。在内容上，高水准的制作和严格的把关保障了高质量的内容，且由于中国广播电视总台和教育部的权威性和专业性，与其他平台的内容不存在同质化问题。同时作为一个公益性质的项目，无须纳入商业利润的考量，从公益的纯洁性角度来讲，央广也具备其他平台所没有的优势。"中小学语文示范诵读库"的实施是媒体承担社会责任的突出表现，该项目已经被列入《国家语言文字事业"十三五"发展规划》。通过这一方式，央广将其受众扩大到中小学生，同时也将其产品和服务拓展到公益领域。该项目通过赠送播放器的方式尽可能地照顾到各个地区的孩子，不仅发挥了广播这种媒介形式的独特功能，也彰显了央广作为央媒所承担的社会责任。

2.5 社会影响与讨论

央广作为典型的广播媒体和党媒，具备双重属性，无论在哪一层面，其媒体改革和创新都产生了广泛的社会影响。在如今的互联网浪潮中，广播媒体的生存空间被逐渐压缩，央广无疑开辟了一条广播媒体的生存之路——在发挥广播自有优势的基础上进行融媒体创新，变劣为优。央广依托不同的产品，把广播这种形式与不同内容巧妙结合，探索出各种音频节目。如夜听栏目，每晚为听众带去"心灵鸡汤"；推出"中小学语文示范诵读库"公益项目，为中小学生带去最标准的"中国声音"；推出广播纪实文学《梁家河》，用极富感染力的声音、极为专业的音频制作，讲述习近平总书记在梁家河的知青岁月，记录梁家河几十年来翻天覆地的变化。央广在改革创新之路上积极拓展广播形式所承载内容的边界，充分实现了传统媒体和新媒体的融合发展，发挥传统广播媒体的优势，同时利用新媒体的传播效果，形成良好的传播矩阵。

作为央媒，营造健康向上的舆论是职责所在。为此，央广专门建立编审委，每天通过例会制度、编审制度、舆情学习、宣传提示，多方面保障内容和导向安全。在编审过程中，央广坚持"凡发必审，编发分开，不审不发"的原则，做到转载稿件二审，转载时政稿件三审，原创稿件三审，原创时政稿件四审、五审，杜绝低级错误，从源头防止错误的发生。在技术层面上，央广进一步完善发稿系统，增设常见错误系统识别功能，为封堵内容安全事故漏洞提供技术保障。同时，央广对引用外媒稿件始终保持严谨态度，基本选用人民日报、新华社等央媒权威稿件，发布前送往编审委审议，稿件发出后重点追踪跟帖和"两微一端"。在政治红线上，央广为维持健康向上的舆论环境建立层层保障。在保证内容质量的前提下，央广不断尝试媒体风格形式的新鲜化。例如，央广网专门建立了《习声回响》数据库——习近平重要讲话原声数据库，记录习近平总书记在不同场合下重要讲话中提出的新思想、新观点、新论断；在《嗨！七点出发》栏目中，推出"每日一习话"板块，特别摘选出习近平总书记系列重要讲话中的古语和典故，进行解读与古语释义，在宣传讲话精神的同时，向受众介绍较"冷门"的古典文化知识；推出了广播纪实文学《梁家河》，通过打造高质量的作品，提高受众的接受度，借助央广平台营造健康向上的舆论环境。

媒体融合是当今媒体发展的趋势，也是中央对于媒体提出的要求。随着互联网的发展，收听方式和收听群体发生改变，车载和智能端的收听成为主流，年轻人逐渐成为广播的收听主力。在这样的背景下，广播媒体融合步入新阶段，传统媒体主动开发移动应用。另外，新兴移动电台逐渐被更多人所熟知和使用，如"喜马拉雅FM""蜻蜓FM"等。传统广播媒体面临机遇，也面临挑战。央广的媒体融合也一直在实践中进行，以"中国广播云平台"为技术支撑，在自建平台和入驻平台上进行多种媒体要素的融合，形成事业和产业相结合的媒体机制和多种风格特点的创新产品。

央广通过媒体融合和创新，打造基于广播的移动产品矩阵，推出特色广播栏目。同时在体制机制上积极推进改革，为创新提供良好的环境和支持，向年轻化的方向迈进。但是通过与人民日报、新华社等党媒进行对比，发现各大媒体都在积极推进媒体融合和创新，并且纷纷加入音频元素，因此在较小的层面上（如微信公众号运营），央广并不存在很高的竞争壁垒，如何在体量不占优势的情况下保持持续的竞争优势是一个值得思考的问题。另外，机构重组后的央广改革发展之路尚不明晰，充满机遇和挑战。

总体来说，广播作为一种媒介形式，其所具备的一大竞争优势在于"伴随性"，适合当下生活中的大量碎片化和移动化场景，避免完全占用听众时间。但广播的发展依然要靠优质内容取胜，对不同用户有针对性地推出个性化的内容，同时也要避免过多杂乱的信息使受众陷于选择的迷茫。要通过突出亮点、呈现优质内容来吸引听众的注意力，充分实现传统媒体和新媒体的融合，构建传播矩阵，在内容和渠道上"两手都要抓，两手都要硬"，实现广播的持续发展。

参考文献

国家广播电视总局. 2018年全国广播电视行业统计公报［R/OL］.（2019-04-23）［2023-06-20］. http://www.nrta.gov.cn/art/2019/4/23/art_2555_43207.html.

中国互联网信息中心. 第43次中国互联网络发展状况统计报告［R/OL］.（2019-02-28）［2023-06-20］. https://www.cnnic.net.cn/NMedia-File/old_attach/P020190318523029756345.pdf.

崔保国，杭敏，周逵. 中国传媒产业发展报告（2018）［R］.北京：社会科学文献出版社，2018：1-26.

《2018年中国广播收听市场年鉴》编委会. 中国广播收听市场年鉴［M］.黄学平，主编. 北京：中国传媒大学出版社，2018.

教育部国家语委. 教育部国家语委关于印发《国家通用语言文字普

及攻坚工程实施方案》的通知：教语用〔2017〕2号〔A/OL〕.（2017-05-15）〔2023-06-20〕. http://www.moe.gov.cn/srcsite/A18/s3129/201704/t20170401_301696.html.

教育部国家语言文字工作委员会.教育部国家语委关于印发《国家语言文字事业"十三五"发展规划》的通知：教语用〔2016〕3号〔A/OL〕.（2016-08-25）〔2023-06-20〕. http://www.moe.gov.cn/srcsite/A18/s3127/s7072/201609/t20160913_281022.html.

中央广播电视总台央广网.最优美的中国声音 最标准的有声教材"中小学语文示范诵读库"第二季作品上线〔EB/OL〕.（2018-12-23）〔2023-06-20〕. http://edu.cnr.cn/eduzt/ywkwsfsd/sdyw/20181223/t20181223_524458854.shtml.

03

光明网：思想文化大报的战略节奏

霍旻含

作者简介：

霍旻含，清华大学新闻与传播学院硕士研究生。

1978年中国改革开放以来，报业作为舆论格局中的重要力量，紧随社会政治经济变迁，经历着一场以"市场化"为主线的发展革新①。

党的十一届三中全会落幕不久，财政部批准新闻单位试行"事业单位，企业化管理"的经营方针，包括《光明日报》在内的各家报刊先后恢复广告经营，重新确立了自身的经济属性。1988年到1998年，报业市场竞争日渐激烈，报刊纷纷从粗放经营转向追求规模效益；光明日报报业集团于1998年成立，成为当时"报业集团化"潮流的先驱之一，此后市场化程度逐步加深。而2005年前后，移动互联网的崛起带来了"报业寒冬"②，传统纸媒读者加速流失，广告收入断崖式下跌……对传统报刊来说，深入彻底的融合转型刻不容缓。为在市场竞争中延续既有优势，新闻网站成为包括《光明日报》在内的众多主流报刊的重要创新起点与抓手。

光明网作为光明日报旗下的新闻网站，对上承接中央"打造新型主流媒体"的战略部署，对下直面高度竞争的内容消费市场。创办至

---

① 李良荣，窦锋昌.中国新闻改革40年：以市场化为中心的考察——基于《广州日报》的个案研究［J/OL］.新闻与传播评论，2019，72（03）：108-116.

② 唐绪军，崔保国.中国报业四十年的改革发展之路［J/OL］.中国报业，2018（13）：50-55.

今，光明网在市场起伏浪潮中把握用户需求走势，在互联网平台企业参与的激烈竞争中整合资源优势，应变而动，踏出一套贴合自身发展需求的"战略节奏"。

3.1 光明网的发展历程

《光明日报》创办于1949年，是中共中央主办、以知识分子为主要读者对象的思想文化大报，肩负着中共中央"团结、联系、引导、服务知识界"的重要任务，属于中央"三报一刊"。而光明网作为其网络时代的延伸，是一家定位于思想理论领域的中央重点新闻网站。光明网20余年间的发展历程，折射出中国传统媒体在互联网技术发展浪潮下的几次升级探索。

1994年，中国正式全功能接入国际互联网，为媒体提供了新型信息传播空间。1997年，光明日报社总编辑王晨在报社内部成立网络信息部，凭借"四个人、一部直拨电话、两台服务器"，在1998年1月1日正式推出了光明日报电子版，后更名"光明网"，与人民网、新华网等一道成为国内最早一批设立的新闻网站[①]。

2009年，3G移动网络与智能手机普及，中国进入移动互联网发展的新篇章，手机光明网应时上线，用户可以在手机上浏览网页、阅读新闻并参与互动。2010年，市场上的移动智能终端应用软件不断丰富，光明网又推出了第一个移动端新闻信息服务系统"光明云媒"，

---

① 谢新洲，柏小林.在用户价值和技术变革中孕育发展路径——专访光明网总裁杨谷［J］.新闻与写作，2019（07）：76-80.

后经多次升级改造，成为今日的光明日报客户端。

进入21世纪第二个十年，中国互联网生态基本成形，腾讯、新浪、网易等商业互联网公司崛起，互联网日益成为意识形态的主阵地，中央因此对"媒体融合"做出了日益体系化的部署①。这一时期，光明网依托既有互联网市场格局，不断壮大自身融媒体矩阵，拓展海内外社交平台布局，强化主题报道。目前，光明网设有中（简、繁）、英文两种语言版本，每天综合运用文字、图片、音视频、直播、VR等多种手段，24小时面向全球传播资讯，用户遍及200多个国家和地区，日均页面访问量达1.8亿次。截至2024年4月，光明网拥有微博粉丝量1891.3万，微信粉丝量249万，抖音粉丝量2258.1万；由光明网负责建设的光明日报脸书粉丝量670万，光明网脸书粉丝量180万。

3.2 光明网的创新特点

作为中央思想文化大报的网络延伸，光明网有着独特的创新起点。如何扬长避短、把握创新机遇，成为光明网不得不面对的考验。下文将从内容、渠道和技术三个角度入手，详细阐释光明网基于自身定位探索出的特色创新策略。

---

① 官承波，孙宇.习近平总书记关于媒体融合重要论述的演进脉络及目标指向[J].中国出版，2021（03）：5-10.

3.2.1　内容创新：立足优势领域

"内容为王"是媒介融合发展的核心价值逻辑[①]。光明网作为思想文化大报的网络延伸，除了实现"一次采集，多元发布"的创新生产流程，还立足科、教、文、卫等既有优势领域，着力把控内容质量、贴合受众需求。具体实现途径包括以下两个方面。

其一，多元主体合作众创。新一代青年知识分子大多具有优秀的专业素养，也抱有浓厚的家国情怀，因此对光明网来说，他们不仅是受众、报道对象，更是面向全社会的优质专业内容生产源头。光明网立足这一理念，在科、教、文、卫等传统优势领域开展专业内容的"众筹、众创、众包"[②]，利用媒体的资源整合能力，与科研院所、三甲医院、高校等专业组织开展合作，动员各领域专业人士参与产出内容。

以科普为例，在新时代党中央"加强科普信息化"的部署下，光明网与中国科学技术协会签订协议，打造"科普中国"品牌。光明网首先利用光明日报几十年间报道科技名家所积淀下的人脉资源，组建科普专家委员会，聘请大批著名科学家担任顾问，并与中国科协下属200多个专业学会组织建立联系，邀请军事、天文、健康、农业、能源等领域的优秀科学工作者乃至优质科普自媒体，作为科普内容生产

---

① 田维钢.媒体融合效果取决于内容生产［EB/OL］. 2019［2022］. http：//www. qstheory.cn/zhuanqu/bkjx/2019–10/21/c_1125131908.htm.

② 光明网.光明网获得"全国科普工作先进集体"称号［EB/OL］. 2016［2022］. https://about.gmw.cn/2016–12/20/content_23301990.htm.

的"外脑"①。随后，光明网与这些科学工作者密切沟通，协助他们使用H5、VR、动画、直播等形式创作符合新媒体传播规律的科普作品，并通过多渠道播发，实现专业科学知识与受众实际需求的对接。科普中国品牌下的"科技名家风采录""繁星追梦""军事科技前沿""美丽中国"等项目，既拉近了民众与老一代科学名家的距离，又解答了民众日常生活中产生的科学问题。凭借这些成果，光明网先后获评"全国科普工作先进集体"以及"《全民科学素质行动计划纲要》'十二五'实施工作先进集体"等荣誉称号。

其二，调整组织架构，设立专属事业部。伴随人民生活水平的提高，新技术成果在日常生活中得到更广泛的应用，人们普遍对健康、食品安全、交通出行等领域的科学知识产生更多需求。为此，光明网设立"科普事业部"及"健康公益事业部"，实现对专业领域的专门运营。

以"健康公益事业部"为例，其于2016年6月推出"健康情报局"栏目，每期邀请一名三甲医院权威专家，录制时长约为3分钟的视频，解答受众关心的健康养生问题，涉及心脑血管、母婴、中医中药、整形美容等一系列健康医学领域。这一栏目凭借出色反响，获得国家卫生健康委员会授予的"'健康中国'创新传播栏目奖""医疗栏目十大团体大奖"，并作为唯一的中央媒体健康科普栏目受邀加入国家卫生健康委员会中国医疗自媒体联盟②。除打造这一核心产品之外，健康公益事业部还建设了光明网健康科普传播智库，持续探索实践健康

---

① 李平沙，吴步腾.光明校园传媒项目推进座谈会举行［N］.光明日报，2015-3-25（01）.

② 光明网.健康情报局［EB/OL］.［2022］.https://topics.gmw.cn/node_111620.htm.

传播新业态，具体活动包括：推进细分领域的主题节目创作，搭建国家级全媒体健康教育平台；以优秀医生人物、典型医疗医患故事为原型，策划出品公益微电影及纪录片；面向全民发起系列推优活动，评选"中国妇幼天使""十大健康科普大 V""中国金牌科室""医院公益榜样"等荣誉称号①。

3.2.2　渠道创新：探索场景服务

伴随融媒体产品市场竞争逐渐激烈，光明网瞄准受众的场景化需求，在生产、分发等各环节加强服务意识。

光明网总裁杨谷曾在访谈中提道："过去提到创新，传统媒体总是围绕内容做头脑风暴。但实际上，互联网传播需要同时考虑内容、技术以及市场推广渠道的创新，这三者之间是相互依赖的。"习近平总书记在 2019 年主持中央政治局第十二次集体学习时提出"四全媒体"的概念，即全程媒体、全息媒体、全员媒体、全效媒体，这在一定程度上昭示了媒体重点职能的调整。"服务"作为媒体的本质属性之一，在深度融合的媒体生态下被赋予尤其重要的意义，建设"服务型媒体"，提升服务的广度、深度和精度，成为媒体强化自身核心竞争力的题中之义②。

秉持这一理念，光明网首先立足人们在公共空间的信息获取需求，针对校园、社区、乡村、城市楼宇、企业党建等特定传播场景，成立光明都市传媒科技有限公司，提供相应服务。作为光明网旗下的

---

① 钟婧.光明网健康科普传播智库成立　首迎 177 名顾问成员［EB/OL］.2018［2022］.https://www.imsilkroad.com/news/p/92006.html.

② 陆先高.创新服务能力，构建服务型媒体，推进媒体融合行稳致远［J］.传媒，2019（18）：9–12.

传媒科技公司，光明都市传媒的业务涵盖新时代党建与企业文化共建、科技园区大屏联播、社区及乡村"最后一公里"的融媒本地化服务。在服务优势方面，光明都市传媒既能借助跨平台播控系统实现电脑屏、手机屏、楼宇屏的"三屏联动"，切合具体场景下的信息传播需求，更好地占领新媒体舆论阵地，又能通过媒体级的严格流程管理和多层级的精准播控，保障播发内容的严谨安全，还能依托光明网等中央重点新闻网站，提供优质的内容资源。尤其在党建与企业文化共建中，光明都市传媒推出的党建融媒能够提供场馆共建、舆情研判、活动策划、沉浸互动等服务，提供最前沿的党建内容，目前已覆盖包括地方国资委及众多国有企业在内的58家共建单位，服务44150个党支部，754867名党员以及超过223万名企业员工[1]。

图3-1 光明都市传媒党建融媒的共建服务

资料来源：光明都市传媒官网

另外，光明网还立足多元生活场景，寻求拓宽产品分发渠道。包括与高德地图合作，在奥迪等部分品牌车型配置的高端车载导航

---

① 光明网.新时代党建与企业文化共建［EB/OL］.［2022］. http: //gmm.gmw.cn/gongjian.

中预装实时天气信息与突发新闻推送服务；与中国国际航空、中国南方航空等公司合作，将新闻及文化内容推送服务嵌入机舱显示屏……这一策略在移动互联网发展前期曾帮助光明网紧跟技术革新脚步，迅速打开市场，而在传播逐渐个性化、分众化、碎片化的当下，又使光明网的内容分发更精准、更贴合目标用户"当时当下"的场景化需求。

最后，光明网还将场景化服务意识植入生产环节，根据用户特定场景下的需求进行内容的产品化调整。以"高校招生服务光明大直播"为例，这一活动在每年6月高考结束之际推出，采用手机现场直播与云直播相结合的方式，走进各高校校园。在直播中，招生办主任出镜解析最新招生政策，主持人对话专家名师了解优势专业，无人机航拍展示校园实景，与网友实时问答呈现校园生活细节……光明网通过"大直播"为考生与家长举办一场沉浸式"云端校园开放日"活动，提供权威、全面的报考信息。2021年，"光明大直播"走进清华大学、北京师范大学、上海交通大学、浙江大学、武汉大学等全国93所高校，直播总时长约140个小时，观看总量超过9000万人次。"高校招生"作为一年一度的热门传播场景，在报刊时期，往往通过刊登广告服务考生；而在移动互联网时代，云直播与无人机拍摄等新技术让光明网能够更深入这一传播场景，更精准地切中学生及家长对于招考政策、专业前景、校园生活等方面的全方位信息需求。

另一个典型的例子是《习近平谈治国理政（第1—3卷）》语音陪伴套装。作为思想文化大报，思想理论的宣传是光明网承担的重要任务与使命。相较于过去的文字形式的解读，这一语音产品更贴近当下年轻人碎片化的信息获取习惯，每集节目控制在5—8分钟，邀请专业播音员以及文化理论领域专业人士录制"领读学习"、"专家解读"以及"典型案例"三类内容，并将音频制作成同时适用苹果和安卓手机的U盘，方便用户在各种生活场景下即插即听。这一产品推出后得到良好反馈，被中纪委用作全国纪检监察干部的培训教材，也被国内多家大中型企业和事业单位用于员工的理论学习教育。

3.2.3 技术创新：自主研发＋外包合作

光明网总裁杨谷曾在访谈中提道："互联网传播是一项高技术、高回报，也是高投入、高风险的事业。"作为一家主流媒体网站，光明网与众多商业互联网公司相比，在技术创新上存在资金、资源、人才以及风险承担能力等方面的劣势。因此，光明网选择了自主研发与外包合作相结合的策略，在紧跟技术更迭潮流的同时，尽量规避市场动荡带来的风险。

（1）自主研发

首先，为实现自主技术研发，光明网设立了技术开发部，打造了智能发稿系统、"钢铁侠"多信道移动直播云台等一系列新技术产品。

以智能发稿系统为例，本质上是一种"服务器集群"，涵盖光明网内容分发的上百个端口，覆盖稿件采集、内容分类、内容配图、多媒体编辑、媒体审核、全网分发及效果追踪等主要环节。它能够将编辑选定的内容进行快速分类，依据分类以及不同算法平台的推荐标准，转化为适合不同渠道分发的形式，进行智能推送，提升自家内容被平台算法推荐的优先级。以音视频专栏节目《光小明的两会文化茶座》为例，智能发稿系统的智能采编系统能够将其再次加工，生成短视频、电台式音频节目等，在光明网自有平台及喜马拉雅FM、

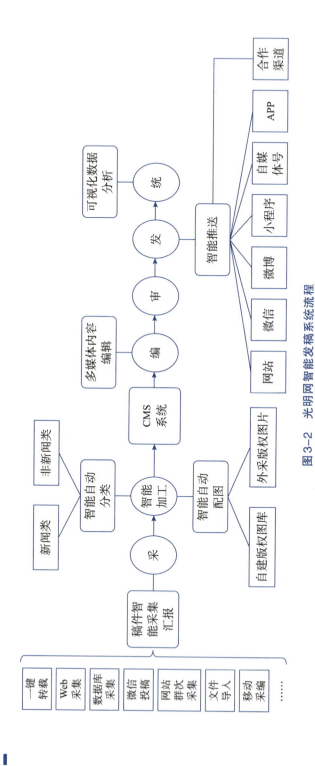

图 3-2 光明网智能发稿系统流程

资料来源：《中国智能媒体发展报告 2021—2022》

今日头条、百家号等多种渠道推送。正是由于这一智能发稿系统的使用，光明网能够在特定时间向特定平台精准推送特定格式的内容，吸引更多媒体账号转载，大幅提升了传播效果。在今日头条这一新闻资讯平台上，光明网已连续多年成为点击量最高的媒体之一。

（2）外包合作

在自主创新之外，光明网还专门设立"技术创新部"，负责应用其他领域的成熟技术。这一部门秉持"博采众长"的原则，紧跟全球市场的前沿技术与产品动态进行广泛调研，选出其中发展完善且成本合适的，签订合作协议并进行微调，以更好地适用于新闻领域的融合创新。

以"光明网小明"为例，它最早推出于2016年11月，是国内首款人工智能新闻信息服务产品，能够实现与用户的漫谈式聊天，也能够提供更有针对性的新闻信息服务[①]。在2017年两会期间，光明网上线了"小明AI两会"，它结合了微软的面部识别技术和科大讯飞的语音合成技术——用户只要拍摄一张全国两会代表委员的照片，"小明"就能快速识别这名委员的身份信息及履职情况，包括历年关注的领域、议案提案、发表的主要观点等，而且"小明"还能通过语料分析展示人物图谱，显示关注相似领域与话题的其他委员。仅在2017年两会期间，用户使用"小明"进行查询次数超2000万次，被查询代表委员超过2900人[②]。两会之外，"小明"还多次在"一带一路"峰会、服贸会等活动的报道中投入实战。"小明"这一形象随后还被用

---

① 人民网.光明小明"，以人工智能提升媒体服务能力［EB/OL］. 2016［2022］. http://media.people.com.cn/n1/2016/1223/c192370-28973118.html.

② 中华全国新闻工作者协会.小明AI两会［EB/OL］. 2018［2022］. http://www.xinhuanet.com/zgjx/2018-07/20/c_137335220.htm.

于虚拟主播，"虚拟主播小明"能够使用多语种播报新闻，提升了光明网面向不同地区进行24小时不间断播报新闻的能力。

这一技术合作模式在光明网融合创新的进程中，始终发挥着重要的推动作用。除"小明"外，光明网曾联合方正集团推出国内第一个移动媒体出版平台"云端读报"；借助微软Skype For Business技术打造时光谱会议系统及云语音平台，推出两会连线"微沙龙"节目，拓展互联网业务；与AI数字创作平台"来画"合作，提升动画科普视频制作的质量与效率，降低动画制作门槛；采用微软全球云服务的Azure技术，与中国领先的互联网数据中心运营商世纪互联联手，进行光明日报报系内容的数字化建设；使用百度的成熟图像识别技术盘活媒体资源数据库，为已有的图片和视频素材打上标签，提高新闻短视频生产的效率；联合中国领先数字运营集团"环球数码"，采用其模型捕捉与人工智能技术，推出数字虚拟人科普节目《顺溜讲党史》……通过外包合作，光明网的技术使用处于潮流前端。

值得一提的是，在技术应用的过程中，光明网虽有技术开发部、技术创新部，以及"人工智能新闻信息服务实验室"等专有技术部门，但内容采编部门同样高度参与。一般来说，往往先由内容生产部门提出需求，技术部门再立足这一需求探索实施，整个过程双方保持密切沟通。正是这种打通传统部门区隔的产品思维，使光明网在技术创新中能够始终以传播效果为导向。

总而言之，这一"自主创新+外包合作"的技术应用模式充分适应了光明网的发展需求，使其既能紧跟科技发展动向，以技术推动融合创新，又能保持"以我为主"的清醒意识，立足自身定位，更加从容地面对互联网市场的快速更迭与随之而来的高风险。

3.3 创新动力因素分析

3.3.1 自身定位与使命传承

光明网总裁杨谷曾在访谈中提到：是否有"使命的延续"，是中央媒体与商业媒体在互联网传播中的重要区别。光明网、人民网、新华网等中央新闻网站的最大特色，就是延续了各自母媒体的定位与使命。

作为光明网的母媒体，《光明日报》诞生于新中国成立前夕并发展至今，虽然隶属关系与办报方针几经调整，却始终将知识分子作为主要目标读者群体。在2019年《光明日报》创刊70周年之际，习近平总书记在贺信中提到：希望光明日报"坚守思想文化大报的定位""传递党中央对广大知识分子的殷切期待和热情关怀，把广大知识分子紧紧团结在党中央周围"。与《光明日报》一脉相承，光明网同样将团结、联系、引导、服务知识分子作为自身的使命与职责，将"知识分子网上精神家园，权威思想理论文化网站"确立为自身定位。

而互联网时代，伴随高等教育与媒介技术的普及，知识分子群体出现两大变化——人口结构的年轻化及信息获取方式的数字化。正如习近平总书记"读者在哪里，受众在哪里，宣传报道的触角就要伸向哪里"的指示，随着互联网成为年青一代获取信息的主要渠道，履行团结服务知识群体、增强社会思想舆论引导的社会责任，贴近青年知识分子群体的使用习惯与全方位需求，成为光明网的重要创新动力。

3.3.2　人才培养与网站属性

除了使命的传承，报刊时代积累的经验同样是光明网融合创新的宝贵资源，这一点尤其体现在人才培养与弘扬企业文化中。

在人才培养方面，光明网注重记者代际间的双向交流。光明日报70余年的发展沉淀，为光明网培养出一批经验丰富的资深记者，他们新闻素养过硬，往往是光明网独特人脉资源以及公信力优势能够发挥作用的关键。而年轻记者占如今光明网员工的90%，他们更能把握年青一代受众的需求，也与新技术、新理念有天然的接近性，是实现有效传播的关键[①]。因此，面向年轻记者，光明网定期开展群众路线教育实践活动，让年轻记者"走基层"。同时建立"导师制"，在新员工入职后，安排一位有专长的资深员工对其进行6个月的"传帮带"。在日常工作中，光明网也重视年轻记者的想法和视野，包括由海外编辑部的年轻记者介绍海外新闻生产中使用的技术和理念，再逐渐推广到其他部门。

另外，作为以"科、教、文、卫、理"为传统优势的思想文化大报，光明网并没有专设文化事业部门，而是将文化作为整个网站的属性。"文化视角"作为光明网的核心建设理念的重要部分，指导着活动策划与内容生产。近年光明网推出的"'诗词中国'传统诗词创作大赛""核心价值观百场讲坛""文艺名家讲故事""网络中国节"等活动，均以新时代语境下的文化传承作为主题。

---

① 杨谷.光明网：练就一支能打赢的网络传播"特种兵"[J].传媒，2019（11）：17–20.

3.3.3 市场机遇与企业战略

市场机遇往往影响着企业创新举措的推行，因此，根据市场特点调整自身策略，也成为媒体转型创新中的重要动力因素。美国学者埃弗雷特·罗杰斯（E.M.Rogers）在其创新扩散理论中提出，创新在特定群体中的扩散遵循特定普遍规律，在市场成长的不同阶段，创新扩散速度不同，用户特质不同，企业在其他阶段曾取得成功的发展策略也可能失去效力。基于这一论述，学者在考察中国企业发展路径后，又进一步将产品市场分为小众市场、大众市场、分众市场以及杂合市场四个阶段①。而光明网在媒体融合创新的语境下，正是通过精准识别不同市场发展阶段、把握时机采取相应举措，才取得现有的融合创新成果。

在光明网成立早期，整个互联网新闻行业也处在小众市场阶段。在1994年中国正式接入国际互联网之后的几年内，科研单位与民营企业着手搭建互联网环境与基础设施，而多数普通人依然对互联网感到陌生。对于小众市场，最关键的战略就是锁定并接近早期用户，同时不断打磨产品。此时，光明日报电子版（2000年更名为光明网）作为最早一批新闻网站诞生，将拥有上网阅读新闻条件的海内外华人知识分子锁定为早期用户，根据他们的需求多次改版，不断在排版等方面凸显自身文化特色，开辟学术论坛、虚拟社区等网络服务功能。

当互联网逐渐向大众市场普及，光明网也将发展重点向规模化宣

---

① 朱恒源，杨斌.战略节奏：在动荡的商业世界超越竞争［M］.北京：机械工业出版社华章分社，2018.

传与分发渠道建设转移。2005年，中国网民规模突破1亿，互联网新闻内容的消费群体由早期的少数知识分子拓展到普通民众。这一时期，光明网自主研发了"光明云媒"（现光明日报客户端前身），在当时较为成熟的主流移动终端上预装，如在联想等品牌手机以及TCL、创维等电视厂商的机顶盒中内置其新闻服务，这一做法在大众市场阶段大大拓宽了受众覆盖面，抢占了新兴媒体阵地。同时"光明云媒"产品本身也没有停止更新换代，它在行业内较早实现了集成文字、图片、音视频的全媒体模式[①]，为用户提供了优质且稳定的新闻阅读体验。

图3-3　2010年"光明云媒"宣传海报

随后，市场上涌现出越来越多的互联网新闻产品，市场进入分众、杂合阶段，用户需求日益多元化、碎片化。在这一时期，面对"大而全"的互联网信息聚合平台的崛起，光明网立足自身属性，谋

---

① 光明日报."光明云媒"问世［EB/OL］.2010［2022］. https://share.gmw.cn/about/2010-11/12/content_1382856.htm.

求"精而特"的差异化发展①。一方面，光明网更加以中央的整体部署作为创新导向，调配发展竞争优势。在近年"占领互联网意识形态阵地"以及"媒体深度融合"的要求下，相较于党政机关，光明网掌握更多网络传播的规律与技巧，而相较于互联网商业媒体，又更加了解党的宣传要求，因此拥有得天独厚的竞争优势。通过面向党政机关提供网站承建、新媒体运营等服务，开辟了一片市场蓝海。2022年2月，光明网基于网络强国战略思想，上线了网络安全频道，用科普、评论、专家对话、合作共建实验室等自身擅长的形式，宣传网络安全领域的相关政策与前沿技术。另一方面，分众市场阶段，光明网更加深入地挖掘用户需求与价值，培养产品思维，体察并服务于知识分子群体的需求。2017年，光明网与南京大学合作上线"思想理论网络文章评价系统（iWaes）"，结合技术抓取与专家人工评议实现文章的科学评定，满足高校学生、学术工作者等知识分子的实际需要②。

图3-4　"思想理论网络文章评价系统"专题页面

---

① 陆先高.以技术驱动融媒体内容创新——光明日报报业集团的实践与探索［J］.传媒，2018（01）：27-28.

② 郑芳芳，武鹏飞.iWaes系统发布10月网络理论文章TOP100榜［EB/OL］.2018［2022］.https://theory.gmw.cn/2018-11/29/content_32069409.htm.

3.4　创新案例分析

为了更好地体现动力因素在光明网创新进程中的作用，本章选取"光明评论矩阵"以及"非遗传承系列策划"作为案例进行分析。这两个新媒体产品均延伸了光明日报的核心价值与传统优势，光明评论重点展示了如何通过革新生产流程，使既有资源与新媒体逻辑接轨，而非遗传承系列主要呈现了光明网在融合创新的进程中，如何在市场产品意识和文化传承中寻求平衡。

3.4.1　光明评论矩阵

作为光明日报的头部核心内容，评论是光明网内部最早实现新媒体转化的板块。为打破"报、网、端"的分隔，光明评论形成了由评论部社评室牵头，包括光明网网评中心、光明网舆情中心、光明日报全媒体总编室在内的评论融合生产机制[①]。

每天凌晨开始，舆情中心通过筛选新闻事件，形成数十条热点线索。随后，相关部门负责人在光明日报内部通信系统"光明通"中举行早会，统一策划、讨论后由评论员分领任务。10点以后，评论稿出炉，经过审校，根据各平台的调性发布在光明网、光明日报客户端以及"两微"账号上。当日晚上，根据白天互联网上的沉淀与反馈，再择优签发见报[②]。

通过这样适配新媒体节奏的动态响应机制，光明评论平均每周能

[①]　刘文嘉.在融合生产中重新定义光明评论［J］.中国记者，2020（07）：45-49.

[②]　陆先高.促进内容生产深度融合　构建全媒体传播格局——以光明日报的实践探索与实现路径为例［J］.传媒，2020（20）：15-17.

够推出100余篇新媒体原创评论，其中5篇左右见报，2篇以上被选为本报评论员文章。在新媒体端，光明官微主持的"光明时评"话题2019年累计阅读量3.5亿，光明日报微信公众号2020年第一季度的阅读量"10万+"的文章当中，有一半是评论。此外，评论还与其他部门进行碰撞，生产海报、漫画以及"虚拟主持人小明说"等形式的评论内容，形成贯穿多个平台的"光明评论矩阵"……正是这样的一体化策划、多渠道分发，让光明评论既能通过报纸版面的精选彰显母媒体的核心价值，又能在新媒体端实现对舆论的实时感知与即时引导，最终反哺母媒体使其更适应新媒体传播环境。

图3-5　光明评论矩阵中的部分产品

3.4.2　非遗传承系列策划

"非遗传承"系列策划，是光明网全媒体报道的又一典型案例。这一系列策划包括"致·非遗　敬·匠心"非遗系列直播、"非遗年度人物评选"、"非遗传承与网络直播座谈会"，以及非遗数字藏品的推出等。

自2017年5月起，光明网率先将网络直播引进非遗宣传，联合斗鱼、咪咕等直播平台推出"致·非遗　敬·匠心"非物质文化遗产系列直播，在三个月内走访26个省区市非遗发源地，探访国家级、省级非遗技艺传承人百余位，在镜头前为网友近距离展示非遗技艺，有效传播覆盖用户量1.73亿人次。这一过程中，光明网派出专业记者，在当地媒体以及文化团体的协助下完成对传承人的探访。其中直播环节着重呈现非遗技艺的生动细节，而每次直播后，又会对非遗技艺背后的历史、故事、工匠精神进行后续采访和深度挖掘，通过微信推文、视频短片、专题纪录片、公益宣传片等形式继续传播。尤其在戏曲文化领域，光明网还举办"青春遇见戏"中国传统戏曲系列直播，联合河南豫剧院、上海沪剧院、上海淮剧团等单位的戏曲名家，向网友近距离介绍20多个中国剧种。

同样自2017年起，光明网还开启了"中国年度非遗人物"评选活动，由活动组委会以及光明日报非遗传播专家委员会进行多轮评议投票，盘点过去一年中为非遗保护传承事业作出突出贡献的标志性人物，梳理一年中非遗领域的重大事件。截至2022年已举办五届年度非遗人物评选，成为非遗传承保护领域具有较大影响力和公信力的品牌活动。

2022年6月3日端午节之际，光明网还联合北文数字、数藏中国发布了区块链数字藏品"国家级非遗端午五福粽子香包"。这一藏品脱胎于国家级非物质文化遗产代表项目"徐州香包"，根据省级代表传承人井秋红制作的"曹氏香包"创作而成，创下了1万份限量藏品10秒内售罄、围观人数"45万＋"的纪录。区块链技术使数字藏品拥有独一无二、权属明确、永久保存的特质，契合了非遗技艺作品的内在属性。将非遗传承作为区块链技术的新型应用场景，是光明网依据当下年轻人兴趣喜好与消费观念，提升非遗传播效果的最新举措。

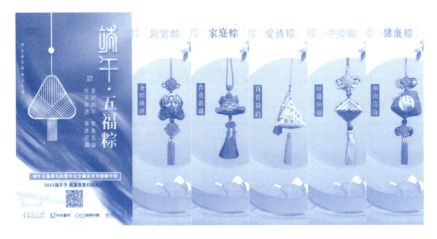

图3-6 光明网"端午·五福粽"数字藏品

这一系列策划通过多种形式与载体的配合，使非遗传统文化项目在现代化的市场环境中找到生长的根基，在新一代年轻受众与优秀传统文化之间搭起桥梁，"帮国粹找到了粉丝"。2019年，光明网"创新传播手段，助推非物质文化遗产活态传承"案例，成功获评由中央网信办政策法规局等单位组织的"网信创新工作五十例"。

3.5 社会影响与讨论

面对互联网前沿技术的迭代升级，光明网着重关注技术带来的思维方式转变，以及中央机构媒体在新形势下对舆论生态的引导作用。在成立至今的20余年间，光明网感知市场发展阶段、调整自身战略节奏，秉持"内容、渠道、技术"三位一体的创新思路，积极履行作为思想文化大报网络延伸的社会责任，取得了一系列融合创新成果。

创新成果首先来源于技术驱动下对自身定位的阐释和坚守。光明网始终立足于服务知识分子的母媒体使命，根据新时代知识分子需求和使用习惯的变化，布局自身技术使用与产品创新。通过对智能发稿系统以及"钢铁侠"多信道移动直播云台的自主研发，以及对5G、云计算、区块链、人工智能等技术的灵活合作调用，光明网强调技术为自身需求服务，着力实现分众化、场景化的主题报道与"新闻＋政务服务商务"的运营模式。其成果得到一定社会认可：光明网连续两年入选"中国网络媒体发展排行前十名"榜单，被评为"最佳数智发展TOP5"；23个作品或团队荣获"2021年中国正能量'五个一百'网络精品"，评论作品《疫情当前，怎么火了一句唐诗》获"第三十一届中国新闻奖"。

光明网的创新还得益于其市场盈利渠道的拓宽。作为主流媒体新闻网站，光明网的传统盈利模式受到互联网的冲击，过去常面对"勤劳但不富有"的窘境[①]。而光明网既通过输出网站建设的技术和网络传播经验进行"开源"，又创新技术使用模式，采纳云计算等技术降低生产成本，实现"节流"。光明网目前约60%的收入来自技术，已经超过广告收入[②]。

作为侧重于思想文化领域的机构媒体，光明网的融合创新进程为其他媒体适应分众化、差异化的传播趋势提供了借鉴。首先，媒体要明确自身定位与受众群体，根据受众的实际需求，结合国家对新闻工作的要求与部署，确定发展的方针与方向；其次，要增强场景化服务意识，做到用户和技术双向驱动，使自身融合创新的产品与服务真正深入受众生活；最后，要把握市场变动规律，感知不同市场发展阶段，应时而变，实现技术、人才、政策等方面不同资源的灵活配置，做到扬长避短。

---

① 杨谷.光明网：练就一支能打赢的网络传播"特种兵"[J].传媒，2019（11）：17–20.

② 信息来源：访谈光明网总裁杨谷。

参考文献

李良荣，窦锋昌.中国新闻改革40年：以市场化为中心的考察——基于《广州日报》的个案研究［J/OL］.新闻与传播评论，2019，72（03）：108-116.

唐绪军，崔保国.中国报业四十年的改革发展之路［J/OL］.中国报业，2018（13）：50-55.

谢新洲，柏小林.在用户价值和技术变革中孕育发展路径——专访光明网总裁杨谷［J］.新闻与写作，2019（07）：76-80.

宫承波，孙宇.习近平总书记关于媒体融合重要论述的演进脉络及目标指向［J］.中国出版，2021（03）：5-10.

光明网.光明日报社会责任报告（2020年度）［EB/OL］.2021［2022］.https://about.gmw.cn/2021-06/15/content_34923398.htm.

田维钢.媒体融合效果取决于内容生产［EB/OL］.2019［2022］.http：//www.qstheory.cn/zhuanqu/bkjx/2019-10/21/c_1125131908.htm.

光明网.光明网获得"全国科普工作先进集体"称号［EB/OL］.2016［2022］.https://about.gmw.cn/2016-12/20/content_23301990.htm.

李平沙，吴步腾.光明校园传媒项目推进座谈会举行［N］.光明日报，2015 3 25（01）.

光明网.健康情报局［EB/OL］.［2022］.https://topics.gmw.cn/node_111620.htm.

钟婧.光明网健康科普传播智库成立 首迎177名顾问成员［EB/OL］.2018［2022］.https://www.imsilkroad.com/news/p/92006.html.

陆先高.创新服务能力，构建服务型媒体，推进媒体融合行稳致远[J].传媒，2019（18）：9-12.

光明网.新时代党建与企业文化共建[EB/OL].[2022].http://gmm.gmw.cn/gongjian.

人民网."光明小明"，以人工智能提升媒体服务能力[EB/OL].2016[2022].http://media.people.com.cn/n1/2016/1223/c192370-28973118.html.

中华全国新闻工作者协会.小明AI两会[EB/OL].2018[2022].http://www.xinhuanet.com/zgjx/2018-07/20/c_137335220.htm.

杨谷.光明网：练就一支能打赢的网络传播"特种兵"[J].传媒，2019（11）：17-20.

朱恒源，杨斌.战略节奏：在动荡的商业世界超越竞争[M].北京：机械工业出版社华章分社，2018.

光明日报."光明云媒"问世[EB/OL].2010[2022].https://share.gmw.cn/about/2010-11/12/content_1382856.htm.

陆先高.以技术驱动融媒体内容创新——光明日报报业集团的实践与探索[J].传媒，2018（01）：27-28.

郑芳芳，武鹏飞.iWaes系统发布10月网络理论文章TOP100榜[EB/OL].2018[2022].https://theory.gmw.cn/2018-11/29/content_32069409.htm.

刘文嘉.在融合生产中重新定义光明评论[J].中国记者，2020（07）：45-49.

陆先高.促进内容生产深度融合　构建全媒体传播格局——以光明日报的实践探索与实现路径为例[J].传媒，2020（20）：15-17.

作者简介：

詹芳，清华大学经济管理学院工程管理学硕士，北京博之华科技有限公司联合创始人兼CEO。专注于广告传媒及数字营销20年，在品牌塑造、数字化传播等领域有着独到的见解和深厚的实操经验，与多家国际、国内大型企业建立了长久、良好的合作关系，连续17年为松下电器提供品牌咨询及市场营销服务。带领公司与产业上下游企业连接，整合各大媒体、互联网平台以及相关政府机构等资源，建立良好生态系统。曾成功运作大中华区十大数码品牌论坛及评选活动、四大家电品牌论坛及评选活动等；获得《环球时报》颁发的"十佳优秀案例"金奖。

冉崇汉，清华大学新闻与传播学院2016级本科生。曾加入国旗仪仗队、艺术团国标舞队、红会、校团委文体部等学生组织，连续三年获社会工作优秀奖；清华大学公共管理学院2022级硕士研究生。

姚雪，清华大学经济管理学院经济与金融专业本科毕业生。

　　家住北京通州区的作家莘平至今仍保持着阅读报纸的习惯。让她心焦的是，2017年8月，她家附近的4家报刊亭在半个月内先后消失。"当年好的时候，一天轻轻松松能卖几百份报纸。"据她回忆，生意差不多是从2010年开始萧条的。那一年，美国苹果公司发布了具有划时代意义的手机iPhone 4，宣告移动互联网时代的来临，与之相伴的是，报刊销售额逐年下降。接下来的几年里，传统报纸媒体的业绩持续下滑。

　　党的十八大以来，以习近平同志为核心的党中央作出"推动传统媒体和新兴媒体融合发展"的战略部署。传媒行业正在经历史上最为广泛而深刻的融合变革，也正在进行传媒历史上最为宏大而独特的实践创新。这种实践创新必将给传媒发展和文化创新提供强大动力和广阔空间。①

　　上海报业集团旗下《东方早报》在密集出台的各项政策支持下，迈出改革的步伐，积极进行数字化转型。推出新闻APP的构想早在2012年就已萌生，2014年7月22日，澎湃新闻APP正式上线。从纸

---

　　① 人民网.深入学习贯彻习近平总书记系列重要讲话精神［EB/OL］.（2013-12-09）［2023-06-20］. http://theory.people.com.cn/GB/40557/368340.

媒到APP，澎湃新闻的转型恰逢国家一系列改革举措——推动融媒体发展、优化营商环境、大规模减税降费等。澎湃新闻内部也在这个过程中坚持原创、聚拢人才、重塑平台的运营与管理，在破与立的结合中赋予其新的精彩，在不断试错中慢慢成长，建设并运营一个成熟的新闻APP平台。

4.1 澎湃新闻的发展历程

澎湃新闻APP于2014年7月22日正式上线，是专注时政与思想的移动端原创新闻平台。澎湃新闻是上海报业集团推出的第一个媒体转型的移动端产品，其前身是《东方早报》。

东方早报拥有400多名具有丰富新闻操作能力的采编人员，这使澎湃新闻设立之初就拥有一支采编团队。在筹备阶段，东方早报以兴趣为单位建立小组，又在小组基础上建立"饭局阅读""一号专案"等几十个微信公众号，成为后来澎湃新闻栏目的雏形。澎湃新闻并没有采用当时媒体转型的普遍做法，即划出一小部分人成立一个新媒体中心，而是探索了一套独特的融合发展方式：实行新媒体"澎湃新闻"和传统媒体"东方早报"双品牌并行策略——新闻团队整合传统媒体和互联网媒体采编理念，实施组织再造和流程再造。东方早报和澎湃新闻建立了各自独立的流程体系，澎湃新闻实行24小时三班制工作模式，以适应新媒体快捷的传播特性，并根据用户和不同稿件的特点，确定了多个推送稿件时间；澎湃新闻与东方早报共享一套记者队伍，分为两套编辑队伍，有融合、有独立，应对不同载体的呈现需求，保证新闻品质。澎湃新闻APP上线后，迅速打破原有互联网舆论传播格局，成为新媒体领域重要的舆论阵地。其独特的媒体融合发展方式，亦备受瞩目，成为传统媒体向新媒体转型的样本。

经过四年的发展，澎湃新闻将互联网用户行为特征与自身行业特点相结合，在原创力、传播力、影响力等媒体核心指标方面取得重大进步，并有望成为中国互联网原创新闻的领头羊。

2016年12月28日，上海六家国有独资或全资企业战略入股澎湃新闻，增资6.1亿元。澎湃新闻也在2016年12月31日正式告别纸质版《东方早报》，完成了传统媒体向新型媒体的彻底转型。[①]

4.2 澎湃新闻的创新特色

"澎湃"得名于英文单词paper的音译，承载着传媒人对新闻报业与新媒体融合而重获新生的期待。澎湃新闻在传统纸媒遭受困境之际，积极拥抱互联网，利用新媒体技术成果，在移动互联网时代找准自身发展方向，为其他传统纸媒转型发展提供了积极的借鉴意义。澎湃新闻现阶段的成功得益于以下几个方面。

4.2.1 优势资源的继承

澎湃新闻之所以被誉为新旧媒体融合的典范，在于其以新媒体的形式继承了母体《东方早报》在采访、信息、人力等方面的优势资源，同时澎湃新闻作为互联网新媒体独立运营，使其拥有独特优势。澎湃新闻的采编团队直接取自《东方早报》的采访队伍。澎湃新闻发

---

① 信息来源：访谈澎湃新闻赵昀。

挥互联网的多终端优势，划分出不同的编辑团队，分别供应稿件或内容。澎湃新闻将传统的优势输送至独立的产品平台上，整体提升了内容生产力，然后再分流至澎湃新闻APP、头条号等多个平台。

4.2.2　用户交互功能

澎湃新闻重视用户与用户、用户与社会权威人士、用户与机构的互动。因此，澎湃新闻不只是提供信息的新闻客户端，更像是以新闻为主要内容的社会化媒体。用户可以在澎湃新闻客户端互相回复、追问，还可以创建话题，引起更广泛的讨论。澎湃新闻还专门设置了问吧等主板块，这些板块有很多新闻热点的人物、重大事件的权威专家，以及社会名人入驻。澎湃新闻充分挖掘互联网的交互可能，为用户提供了一个开放的互动交流平台。

4.2.3　坚持用户至上原则

澎湃新闻注重用户的自我需求满足。除客户端首页不可变之外，其他新闻板块、新闻类型完全由每个用户决定。用户可以订阅自己喜欢的频道及资讯类型并将其排序，澎湃新闻会根据用户的选择将新闻重新排序以适应用户需求。澎湃新闻APP充分利用大数据使内容标签化、关系画像化，并在算法及智能推荐方面充分借鉴成熟平台的经验，为用户提供更适合的内容和服务。这样既保证了澎湃新闻的专业性，使得用户不会错过重大新闻，也能够满足用户的个性化需求。

4.2.4　优质的原创内容

"内容为王"不仅是媒体应持的一种态度，更是其在竞争中生存发展的关键因素。澎湃新闻对自身的定位是"专注时政与思想的互联网平台"。澎湃新闻产品总监、新闻发言人孙翔表示，澎湃新闻是"取内容之长，补技术之短"①。澎湃新闻的最高原则就是优质内容，同时在内容选取上采取差异性策略，即并非所有内容都关注，也不一味迎合受众，而是坚持有内涵、有思想的时政领域。

4.2.5　多样化的营销方式

澎湃新闻借助新媒体展开了一系列营销活动，其中影响力最大的是利用发刊词进行社交化营销。2014年7月22日，澎湃新闻CEO邱兵在澎湃新闻客户端上发表了名为《我心澎湃如昨》的发刊词②，在朋友圈引发疯狂传播，同时"我心澎湃如昨"成为微博热门话题。另外，澎湃新闻重视走进百姓生活，讲百姓故事，抓住百姓关心的热点事件进行传播。

4.3　创新动力因素分析

4.3.1　用户价值的深度挖掘

如今，受众不仅需要获取信息，更渴望对信息内容表达自己的观点和看法，并与其他受众进行探讨和交流。互联网技术的发展不仅

---

① 人民网研究院.媒介融合背景下"澎湃新闻"的网络化转型战略研究［EB/OL］.（2016-05-11）［2023-06-20］. http://media.people.com.cn/GB/n1/2016/0311/c402792-28192537.html.

② 澎湃新闻.澎湃CEO邱兵发刊词："我心澎湃如昨"［EB/OL］.（2014-07-25）［2023-06-20］. https://www.thepaper.cn/newsDetail_forward_1257279.

为受众通过多种媒介渠道获取信息提供了便利，也为受众及时进行信息反馈，与其他信息接收者进行相关话题的讨论提供了更广阔的平台——受众与媒体之间、受众与受众之间具有更加充足、便利的渠道，以进行深度的、有效的互动。

评论在新闻APP中具有举足轻重的地位，不仅是用户表达观点的窗口，更是新媒体与用户沟通、互动的桥梁。通过设置评论功能，澎湃新闻APP让读者在阅读文章后能够分享自己的想法和见解，进一步丰富新闻内容的多样性，也为其他读者带来更广泛的讨论和思考。同时，用户的评论对于新媒体来说具有极高的价值，这些评论数据可以帮助其分析用户对不同话题的关注和喜好程度，从而为制定新闻内容策略提供数据支持。此外，评论互动还能延长用户在新闻APP的停留时间，强化用户参与度，进一步提升APP的活跃度。

用户的评论是公开的，对其他所有用户可见。其他用户认可该观点时，可以进行点赞，也可以进行回复并与观点发出者进行探讨。点赞数多的评论会被置于前排，被更多的用户看到，同时用户之间的相互回复也会提升该话题的讨论度，促进用户之间形成更好的交流氛围，这也能为用户提供更好的使用体验。在看完新闻后，用户可以选择将其一键分享至微信等社交平台，让更多好友观看该新闻，有助于提升该新闻的浏览量与讨论热度。

在经济社会不断发展的形势下，人们在一定程度上缺少现实生活的人际交往，网络用户倾向于将获取到的信息分享到自己的社交媒体，与亲友一起探讨交流，澎湃新闻设置的分享功能也很好地满足了受众与亲友互动的共情需求。

澎湃新闻为了实现"专注时政与思想"的高定位，非常强调新闻的追问和跟踪功能，注重新闻报道的思想性和连续性，对受众的定位也是偏向于"精英"群体。因此，澎湃新闻的用户更有可能对相关新闻提出疑问并进行讨论、跟踪以促进对新闻的全面、深刻理解，而平台所提供的深度服务功能恰好能够很好地抓住用户在这方面的需求，为他们提供相应的服务。值得一提的是，澎湃新闻客户端的每一条新闻末尾，都设有对相关主题进行跟踪的选项，用户可以点击按钮以跟进相关话题的后续报道。如此，用户可以更加全面、系统地对相关事件进行了解，也减少了因为信息类别过于庞杂而对后续报道跟进不及时的状况。

最后，用户可以通过系统自带的反馈功能对客户端中存在的问题提出意见和建议，以帮助系统进行完善，进而帮助用户获得更好的服务。在"视频""问政""问吧"等明星产品中，平台也提供各类细分栏目以满足用户的具体需求，以期根据用户具体需求为其制定个性化的新闻推荐。

4.3.2 新兴科技的驱动

随着多媒体技术和智能手机的发展，用户对数据、图片、视频的关注度和需求量持续上升，多媒体的新闻呈现方式成为争夺新闻客户端市场的又一突破口。新条件下，新的新闻呈现方式——"H5"应运而生。"H5"是要素的"集合"，它融聚了应用、游戏、视频、新媒体、AR/VR、动画、3D、多屏应用、大数据、后台、管理平台等功能，致力于打造一种效果更佳、更全面的新闻输出、传播方式。"H5"主要在手机端传播，并且可以在PC、平板电脑上进行跨平台浏览等。

澎湃新闻及时利用"H5"风潮，将一些深度新闻事件通过"H5"

的多媒体手段进行讲述，获得了很好的传播效果。例如，2016年10月，澎湃新闻推出"好人耀仔"系列报道，运用漫画、视频、音频、文字等形式做成"H5"产品《致敬|好人耀仔：一位宁德村支书的45岁人生》，讲述了福建村支书周炳耀为了保护村民的财产而在暴雨洪灾中牺牲的故事，阅读点击量超2000万，并荣获当年的世界新闻视觉设计学会优秀奖。[①]

再如，2017年4月，澎湃新闻刊发的"H5"产品《长幅互动连环画|天渠：遵义老村支书黄大发36年引水修渠记》[②]，以水为设计主线，用下拉式长幅连环画、渐进式动画、360度全景照片、图集、音频、视频、交互式体验、虚拟现实等多种形式，全景再现了黄大发带领老一代修渠脱贫、带动新一代致富的故事，发布24小时内阅读（点击）量突破300万。

2018年7月25日，一直领跑于中国主流原创新媒体的澎湃新闻在技术方面再下一城，推出了其研发的新媒体运营全套解决方案——澎π系统[③]。澎π系统能够满足线索收集、舆情分析、内容审核管理发布、智能分发、广告发布、后期数据监测等新媒体全流程需求。区别于市面上常见的智能分发推荐逻辑，澎湃算法在研发和进化过程中，将资深编辑、记者的思维和逻辑转化为计算机算法，整合到澎π系统的运用中。澎湃算法不仅能满足用户个性化的阅读偏好，更重要的

---

① 澎湃新闻.致敬 | 好人耀仔：一位宁德村支书的45岁人生［EB/OL］.（2016-10-18）［2023-06-20］. https://www.thepaper.cn/newsDetail_forward_1544911.

② 澎湃新闻.长幅互动连环画|天渠：遵义老村支书黄大发36年引水修渠记［EB/OL］.（2018-08-23）［2023-06-20］. http://image.thepaper.cn/html/zt/2017/04/tianqu/index.html.

③ 信息来源：访谈澎湃新闻赵昀。

是推荐的信息来自不同维度，因此能尽可能全面地呈现该社会事件的原貌。

除此以外，从内容生产的角度来看，澎 π 系统具有采写与审发隔离的机制，使得内容撰写者与审发者能协同工作、互不干扰。一份内容，需要经过超过三个环节的审定签发才能安全发布。与此同时，该系统的追踪模块还能回溯内容稿件的流转全程。因此，该系统一方面可以完全避免不安全内容的发布，另一方面能够完全符合媒体内容内部审核的需要。经过澎湃团队的"精心设计"和"数轮调试"，澎湃新闻发布的澎 π 系统建立了集传统实践与新技术探索于一体的新型科技平台。

澎湃新闻已经基本建成了自主和齐全的新媒体内容、运营和技术体系，迈出了建立自主知识技术体系的坚实一步，为科学拓展新闻产品的传播力、积极打造全国性互联网新型主流媒体平台级产品奠定了基础。

4.3.3 新闻传媒行业发展趋势

信息社会进入21世纪的第二个十年，信息传播技术的最新成果在全球范围应用与普及的速度不断加快，新闻传媒的创新发展迎来了机遇与挑战并存的宏观格局和微观变局。

伴随信息社会的发展热潮，麦克卢汉的媒介化预言和曼纽尔·卡斯特的网络社会构想在全球范围已近成真。谷歌（Google）、脸书（Facebook）、推特（Twitter）、微信（Wechat）等数字平台，突破了传统时空界限对国际传播的束缚和限制。而微观层面，信息传播的变革契机从大众传播领域扩展至组织传播、人际传播等范围更为广阔、层次更为深入的空间。人工智能和大数据，优先着眼于以人作为基本传播单元的微观变局。传媒行业面临着从平面纸质到现在微博微信、头条号、移动端APP再到未来更加极致的去中心化发展趋势。新闻传播的模式创新需要将内容创作和传播的"人工"升级为大数据时代的"人工智能"。

对于新闻传媒而言，内容生产是重中之重——做好新闻和讲好故事，也就是内容的具体组成和内容的呈现方式都很重要。在内容生产环节，通过利用主流的数字平台如自有APP、微博微信、今日头条等，新闻传媒工作者可以实现与目标对象的连接和互动。人工智能和大数据的出现，为进一步优化传播内容提供了解决之道，大数据对内容的标签化处理结合人工智能的机器学习特性，能够为选题决策提供直观的参考，人机协作的智能化和数据化可以为内容生产指明方向，大幅提升内容生产的效率和效果。

人工智能、大数据的组合，使传播渠道借助移动互联网和社交媒体从形式上在全球范围得以拓展。以澎湃新闻为代表的国内外新闻资讯类APP，添加了智能推荐的模块与功能，将海量增长的频道内容以标签化定制的方式提供给用户进行自主选择。

媒介由平面纸媒转向数字化平台，面对的是来自不同地区、不同国家、不同民族、不同语言、不同文化的全球数十亿用户。所以，借助人工智能和大数据实现优化传播内容、丰富传播渠道的模式创新后，需要进一步解决传播过程中的传播对象问题。

人工智能和大数据在传播对象层面的创新应用，目前主要集中在基于大数据的用户画像与兴趣标签、人工智能的人机对话和定制化交互。首先，大数据从内容维度以标签化的方式对用户进行兴趣匹配，同时从关系维度对用户的个人信息、浏览行为、互动行为及其他延伸信息进行汇总，从而结合内容与关系两个维度对海量传播对象进行用户画像并生成兴趣标签。之后，可以基于兴趣标签将传播对象根据内容和渠道的需求进行智能化或定制化的人群匹配，即可达到精准传播的效果。

4.4　创新案例分析

随着科技的发展，互联网与移动设备越来越普及，人们获取信息、联系外界的方式越来越多样化与直观。不同于以往通过纸质材料，现如今更流行的是通过视频的方式。视频兼具声音、画面等各种感官体验，之于受众无疑是一种更受欢迎的传播方式。

澎湃新闻显然也意识到了这一点，因此将视频类产品作为其一项重要的创新。不同于以往电视新闻的形式，澎湃新闻采取了更为灵活精悍的短视频的形式。短视频又叫短片视频，是一种基于互联网的内容传播方式，是指在互联网新媒体上传播时长在5分钟以内的视频传播内容。可以说，短视频是继文字、图片、传统视频之后新兴的一种内容传播载体。由于短视频的特点之一就是时长较短，因此从生产者一方来讲，就必然要将事件最精彩、矛盾最冲突、情节最集中的内容制作成短视频；而从受众一方来讲，他所接收到的内容无疑对其具有最强烈的吸引力。同时，短视频的形式也符合现代社会快节奏、碎片化的生活，让人们在相同时间内能够接收更多信息。

2016年左右，诸多视频平台也如雨后春笋般涌现，但其大多数的视频资源都集中在综艺娱乐或生活类短视频，新闻视频缺席，特别是专业新闻短视频内容资源十分稀缺。这也是澎湃新闻的创新点所在，其敏锐地观察到了这一点，并着力打造一个优秀的短视频新闻平台。

澎湃新闻CEO、总编辑刘永钢对澎湃视频的定位并不是一个真正意义上的"破旧立新"，而是因为有些新闻本身就适合用视频的形式来表达，澎湃不会把本来就不适合用视频表达的内容强硬地用视频去填充，以满足用户对"快文化"声色输入的直观需求①。

澎湃的"视频"板块不仅包含短视频，还包括直播。新闻短视频的上架弥补了当下综艺娱乐和生活搞笑类短视频内涵浅薄的问题。此外，澎湃新闻将敏锐的新闻触角更广泛地伸向短视频领域，还原新闻现场，更立体地呈现新闻事件，使用户能够感受第一视角记录的真实现场，实时了解最新进展，连线直播深度剖析新闻事件。对于澎湃新闻而言，视频只是增加了一种表达方式，其视频产品始终围绕新闻本身制作，聚焦"时政与思想"的定位。

4.4.1 视频内容下沉

经过一段时间的打磨，澎湃新闻的新闻记者已经养成了较强的视频新闻意识，各个中心目前都有1—2个栏目包含视频的形式，以一种打破边界的方式，将视频内容下沉到各个中心。

正如上文所介绍的那样，澎湃新闻结合互联网技术创新与新闻基本价值传承，综合运用图文、视频、VR、动画等全媒体新型传播方式，设置了"全景现场"栏目，通过VR技术将场馆、会议现场等进行360度全景视角的预览。此外，澎湃新闻也顺应了当下数据新闻蓬

---

① 网络传播杂志.澎湃新闻总编辑刘永钢：媒体融合，从"转型"到"赋能"［EB/OL］.（2019-02-19）［2023-06-20］. https://www.sohu.com/a/295742033_181884?from=groupmessage.

勃发展的潮流，设置了"美数课"栏目，把传统新闻的描述性文字与海量的数据信息精准结合，推出各种形式的视频新闻。澎湃视频覆盖时政、财经、科技、文化、新闻调查等领域，形式包括直播、短视频、专题等。澎湃视频将短视频与直播相结合，以江歌案庭审为例，澎湃新闻共派出6名记者前往东京，7天的时间直播流量超过7500万，直播记者不仅在庭审现场出镜口播，及时传回庭内信息作为直播主线，并且在直播前去往事发现场，重走案发路线，采访案件相关人员，通过直播和短视频的形式带网友们了解并梳理案情。在后方，澎湃新闻开启全天演播室，邀请刑法及日本法律方面的专家进行专业解读，包括当地的陪审员制度等[①]。

除此之外，还有伴随式直播，例如，澎湃新闻连续几年进行直播的《千里骑行回家过年——春运摩托车返程直播》，首创"公路直播"概念，记者全程跟随被采访者进行直播，观众还可以与收看直播的几百万网友在线互动[②]。

在经过调研与观察之后，我们总结出澎湃视频的几个重要特点。

全面整体的视频平台。澎湃新闻的视频频道和专门做视频的平台呈现兼顾性和差异性。即在做好新闻的过程中，视频只是增加了一种表达方式，同时通过一个专门的频道集纳。

专注新闻和内容。澎湃新闻的视频产品都是围绕新闻制作的，始

---

① 澎湃新闻.视频 | 江歌母亲诉刘鑫案庭审纪实：4个争议问题聚焦刘鑫表现［EB/OL］.（2021-08-16）［2023-06-20］. https://www.thepaper.cn/newsDetail_forward_12237136.

② 澎湃新闻.直播录像 | 回家过年啦！五旬打工夫妻骑摩托车千里回家［EB/OL］.（2019-01-30）［2023-06-20］. https://www.thepaper.cn/newsDetail_forward_2922113.

终聚焦"时政与思想"的定位。

打造直播品牌《上直播》。有别于直播行业"撸起袖子就能直播"的现状，澎湃新闻追求的是直播的精细化，而不是粗制滥造，这是澎湃新闻的底线要求。澎湃新闻的记者都牢记精细化的准则——精心策划、快速反应、题材广泛、方式多样。

澎湃视频的核心竞争力在于其最好的原创新闻短视频和最快的新闻事件直播。基于在内容生产方面积累的经验和资源，澎湃新闻将敏锐的新闻触角更广泛地伸向短视频领域，还原新闻现场，更立体地呈现新闻事件，更彻底地捕捉新闻人物，和其他平台产生了显著区别。澎湃视频目前专注于自创与独播短视频和直播，未来可能会开放用户创造内容的功能，并已经预留了技术接口。

4.4.2 互动产品提升

澎湃新闻的每一条新闻末尾都设有评论功能，即用户可以在看完新闻后根据自己的理解表达自己的想法——发表评论，完成与平台之间的互动。用户的评论也会为平台提供数据信息，以便媒体对用户和相关话题进行统计分析，为新的内容生产做准备，而用户的其他操作也会作为反馈传递给后台。用户还可以通过客户端提供的"报料"功能向系统提供时事新闻，以帮助系统获取新的信息，更好地进行内容创作——这也是澎湃新闻与受众互动的一种方式。

澎湃新闻借助新兴技术手段的便利之处，提供多种类型的深度服务。以前文提到的互动类型产品"问吧"为例，澎湃新闻于2015年5月推出新栏目"问吧"，用户可以在这一栏目下对具体新闻或事件提出疑问，获得解答。"问吧"的新闻追踪功能可以帮助受众持续跟进一系列新闻，获知事件全貌。

进入澎湃新闻网页版首页，用户即可轻易找到页面上方的"问吧"栏目，点击板块，页面上方就会出现"进博会""三江源""星星的孩子"等众多热门话题，其下则会呈现写满"我是姚明……""我是主持人朱丹……"等文字，引导用户对感兴趣、有疑惑的话题进行提问①。从首页中各栏目的比较位置来看，"问吧"这一栏目的位置十分醒目，并且操作设置非常简单，便于用户发现和使用，这也充分体现出"问吧"这一大板块在澎湃新闻栏目中的重要作用。

"问吧"中最基本的元素是"话题"，作为话题提出者的名人和达人主动开设话题，用户可就相关话题进行提问，在经过一天左右时间的积累后，话题提出者便开始陆续解答网友的问题。举例而言，在话题"不只是游戏"中，点击该话题便可进入与之有关的诸多达人页面中，用户可以看到诸如"我是电竞职业经理人翼风，关于电竞行业的相关问题，问我吧""我是骨灰级游戏'老男孩'，关于游戏设计开发的一切，问我吧"等由各个名人、达人创建的问答窗口。点击"我是电竞职业经理人翼风，……问我吧"的小幅页面，进入该名人的问答主页，会显示名人头像、简介等信息，用户便可在下方对其提问，随后便可以在一定时间内得到解答。在该达人的页面下，我们可以看到目前已有的提问数量和得到回复的问题数量，并可以点击"热门"和"最新"了解不同的问答结果。值得一提的是，"问吧"的各个话题都有类似于"焦点""思想""商界""教育"等标签，以便用户了解该话题所属的范畴，如此也使用户对话题的具体方向有更好的把

---

① 信息来源：澎湃新闻网。

握，更加精准地找到可以解答问题的名人和达人。

在"问吧"栏目下分别有精选、时政、商业、思想、明星、投资、百科、运动等众多子栏目。栏目下面有两个分栏并提供图片，图片上有不超过40字的答主简介，鼠标落在图片上即可出现"分享"按钮。图片下方有较小的答主头像，点击可看到答主的身份和他回答的所有问题。旁边会显示点赞按钮和点赞数，以及该话题当前的状态（分为"提问征集中""进行中""已关闭提问"三种）。每个子栏目底部都有一排和顶部完全相同的分类栏，方便用户直接点击进入另一栏目。用户可以点击"问吧"主页右上角的"创建话题"蓝色按钮报名成为答主，虽然要经过严格的审核，但这也给普通民众参与答题提供了机会，同时增强了互动功能的广度和深度。

"问吧"所涉及的话题包括"进博会""三江源""星星的孩子""爱读书""世界杯""上海电影节""消费主张"，由此可见，其话题涉及面涵盖了政治、经济、文化、社会、生态等各个领域。除了具有话题覆盖面广的特点，澎湃新闻还在以时政报道为主的基础上，将"问吧"打造成数量大、更新频率快的问答社区，几乎每天都会更新，以贴近现实的新闻事件，及时跟踪社会热点，满足用户关注时事热点的现实需要，从而更能获得用户、使用黏性和好评度。在各个栏目中，百科的数量最多、达人和提问者职业类型覆盖面最广，从医生到新闻当事人、从书评人到园艺师等各行各业的人都有。在各个具体栏目中，话题状态显示"正在进行中"的数量较多，如此便可以扩大受众可参与的话题范围和选择自由度，满足不同用户的实际需求，使用户可以根据自己的兴趣参与不同话题的讨论。

"问吧"的话题热度带有显著的明星效应。在明星黄渤的"我是导演、演员黄渤，如何打造一出好戏，问我吧"的页面上，话题点赞量达到3400次；而在教育板块苏雪云的"我是特殊教育学者苏雪云，关于自闭症教育干预，问我吧"话题中，点赞量仅有724次。如此差距充分体现出明星对于粉丝和受众的强大号召力，对话题参与度和互动性的影响不容忽视[①]。

澎湃新闻的"问吧"栏目在提升用户使用黏性和增强互动性上具有相对更为重要的作用，它在整个网页中的显要位置也充分体现出其重要意义。就"问吧"栏目本身而言，界面的设置、具体栏目的选取、答题达人和名人的选择、相关话题的分类、话题状态的设置，得到回答的问题属性（最新、热门等）设置和点赞功能等诸多方面都在力图使受众参与话题讨论，最大限度地提升和发挥交流的便利性和互动性。在当下传统媒体向新媒体转型的过程中，"问吧"这一栏目在互动性功能的设置和页面操作便利化等诸多方面的努力与实践依然值得借鉴和学习。澎湃新闻对"问吧"栏目的重视，和"问吧"栏目本身在页面简洁性、操作便利性、内容广泛性和思想性、话题高覆盖率和用户高互动性等方面的考量与设计，也正是"问吧"栏目取得成功的原因。

不过，"问吧"只会选择性地呈现被答主选择出来以进行回答的问题，且没有字数限制。所以在保证问题回复率和问题的筛选机制等方面，还存在改进的空间。除此之外，通过网页搜索我们不难发现，不少达人的页面中显示的提问数远远高于问题的解答数，这说明部分达人对解答问题缺乏积极性和主动性，这无疑不利于保证问答的回复

---

① 信息来源：澎湃新闻APP。

率，也降低了话题中用户与达人、用户与用户之间的互动频率。只有回复率高、互动频繁才能刺激用户提出更多问题，促进问答社区的良性发展。澎湃新闻可以考虑设置回答奖酬机制，激励达人们贡献优质回答。

参考文献

人民网.深入学习贯彻习近平总书记系列重要讲话精神［EB/OL］.（2013-12-09）［2023-06-20］.http://theory.people.com.cn/GB/40557/368340/.

人民网研究院.媒介融合背景下"澎湃新闻"的网络化转型战略研究［EB/OL］.（2016-05-11）［2023-06-20］.http://media.people.com.cn/GB/n1/2016/0311/c402792-28192537.html.

澎湃新闻.澎湃CEO邱兵发刊词："我心澎湃如昨"［EB/OL］.（2014-07-25）［2023-06-20］.https://www.thepaper.cn/newsDetail_forward_1257279.

澎湃新闻.致敬｜好人耀仔：一位宁德村支书的45岁人生［EB/OL］.（2016-10-18）［2023-06-20］.https://www.thepaper.cn/newsDetail_forward_1544911.

澎湃新闻.长幅互动连环画|天渠：遵义老村支书黄大发36年引水修渠记［EB/OL］.（2018-08-23）［2023-06-20］.http://image.thepaper.cn/html/zt/2017/04/tianqu/index.html.

网络传播杂志.澎湃新闻总编辑刘永钢：媒体融合，从"转型"到"赋能"［EB/OL］.（2019-02-19）［2023-06-20］.https://www.sohu.com/

a/295742033_181884?from=groupmessage.

澎湃新闻.视频 | 江歌母亲诉刘鑫案庭审纪实：4个争议问题聚焦刘鑫表现 [EB/OL].（2021-08-16）[2023-06-20]. https://www.thepaper.cn/newsDetail_forward_12237136.

澎湃新闻.直播录像 | 回家过年啦！五旬打工夫妻骑摩托车千里回家 [EB/OL].（2019-01-30）[2023-06-20]. https://www.thepaper.cn/newsDetail_forward_2922113.

05 今日头条：资讯平台的创新跳动

权梓晴　张语桐　王斯楚

作者简介：

权梓晴，中央美术学院人文学院艺术传播学方向硕士研究生。获清华大学新闻学专业文学学士学位。获中央美术学院硕士研究生全额奖学金、"人民网"论文奖学金、清华大学院级优秀毕业生、清华大学综合优秀奖学金等。研究方向为流行文化中的艺术传播现象、社交媒体图像修辞、当代艺术浪潮。

张语桐，毕业于清华大学环境学院环境工程（全球环境国际班），研究方向为中国健康城市、环境经济学等。

王斯楚，清华大学经济与金融专业本科毕业生，港大金融硕士，曾在清华经管学院学生会与团委宣传部任职。

Web2.0时代始于2004年，强调用户的交互作用：互联网用户由被动走向主动，每个人都是内容的接收者，更是内容的生产者。Web2.0标志着"人人互联"，其最典型的体现是各类社交媒体。而随着移动4G技术的成熟，互联网市场激增，成为当下炙手可热的行业。

今日头条诞生于2012年，是字节跳动公司旗下最主要的产品之一，是一款土生土长于Web2.0时代的"基于数据挖掘的推荐引擎产品"。比起前述的人民日报、央广传媒和澎湃新闻，今日头条是一个特殊的研究对象。这是因为它不仅未经历典型的数字化转型，甚至关于其可否被称为"媒体"，业界仍存在争议。

尽管如此，今日头条这一平台对于此研究仍有重要意义。一方面，其算法推荐等技术手段已被业界作为通向Web3.0时代的阶梯蓝本；另一方面，其运营思想与管理模式也可能会给媒体创新带来启示。

本章将首先对今日头条及其所属母公司字节跳动进行较为详细的介绍，并对字节跳动旗下其他的重要产品（如抖音等）作简要说明。接下来对其创新点及其背后的驱动因素进行归纳。本章还将结合对今日头条高管、员工、实习生等的采访进行案例分析，并试图讨论今日头条带给社会的影响。

5.1 今日头条的发展历程

2012年8月，字节跳动公司正式上线今日头条APP。创业初期，今日头条是一家纯粹的技术公司，没有内容生产编辑团队，资讯的提供完全依赖于其他媒体。今日头条当时承担的职能是借助算法编辑与信息的智能分发，即挖掘用户偏好，并用爬虫采集媒体网站的内容，借以向用户"精准投放"个性化的新闻资讯。

用户数量的井喷对今日头条APP的内容提出了更高的要求，今日头条在2013年适时推出头条号，搭建媒体创作平台。最初它仅仅面向各类媒体和党政机关，帮助上述机构在移动端获得更多的关注。而2016年1月，头条号放宽入驻标准，允许自媒体申请头条号，自媒体开始进驻今日头条APP。截至2016年底，头条号总数达到44万，其中自媒体有3万，贡献了今日头条平台70%的内容。从日活跃用户（Daily Active User，DAU）、月活跃用户（Monthly Active User，MAU）和单日使用时长数据来看，今日头条APP已经成为中国互联网流量的新入口[①]。

纵向来看，今日头条APP的月活跃用户从2016年5月的8288万人增至2018年6月的2.68亿人。换言之，到2018年6月时，中国每10个人中就有3个今日头条APP用户。同时，今日头条的用户日均使用时长从2014年的11.23分钟增长至2017年的73.45分钟[②]，在互联网

---

① 信息来源：对字节跳动公司朗峰蔚老师进行访谈。

② 艾瑞咨询.2017年中国移动端新闻资讯行业报告［R/OL］.（2017–08–10）［2023–06–20］. http://report.iresearch.cn/report_pdf.aspx?id=3034.

"下半场"时期①实现了逆势飙升。

横向来看，2018年第一、二季度的活跃用户日均使用时长中，今日头条在新闻资讯类 APP 中居于第二名，仅次于腾讯新闻，且远远领先于同样主打资讯分发的一点资讯。2018年第一季度，今日头条以 24.2% 的渗透率位列第一，腾讯新闻以 24.1% 的渗透率位列第二；第二季度腾讯新闻以 25.3% 的渗透率位列第一，今日头条以 23.5% 的渗透率居于次位，且在排名前十的 APP 中，今日头条极速版环比增长最多②③。

5.2 字节跳动旗下明星产品

北京字节跳动科技有限公司（以下简称"字节跳动"）成立于 2012年3月，是国内最早将人工智能应用于移动互联网场景的科技企业之一，创始人为张一鸣。字节跳动凭借其明星产品今日头条声名鹊起，于2015年开始构建全球化布局，以"技术出海"为核心战略。

2016年4月和9月，伴随流量成本再次跳崖、小视频"竖屏化"时代来临，字节跳动旗下的火山小视频和抖音分别上线。同年9月，字节跳动发布"All in 短视频"，表示未来将拿出10亿元补贴头条号

---

① 互联网"下半场"是互联网发展的一种阶段性论点，最早由美团点评网首席执行官王兴提出，指的是人口给网民规模和网络盈利能力带来的红利正在逐渐消失，建立在用户侧的网络效应的高性价比已成为过去时。

② MoonFox月狐. 2018年Q1移动互联网行业数据研究报告［R/OL］.（2018-08-16）［2023-06-20］. https://www.moonfox.cn/insight/report/829.

③ MoonFox月狐. 2018年Q2移动互联网行业数据研究报告［R/OL］.（2018-08-03）［2023-06-20］. https://www.moonfox.cn/insight/report/838.

上的短视频创作者。2017年初，头条视频升级为西瓜视频，形成"抖音＋火山小视频＋西瓜视频"的短视频产品矩阵。

2017年2月和11月，今日头条又分别收购了短视频应用Flipa-gram和音乐短视频平台Musical.ly，布局海外短视频市场。值得一提的是，尽管抖音已经成为一款现象级小视频产品，字节跳动旗下最主要的产品仍为今日头条。

同今日头条的发展趋势相吻合，今日头条系APP使用时长近年来快速增长，目前仅次于腾讯系。如图5-1所示，在明星产品的带动下，今日头条系APP的总使用时长占比从2017年上半年的3.9%增至2018年上半年的10.1%，超过百度系、阿里系和新浪系，位列第二[①]。

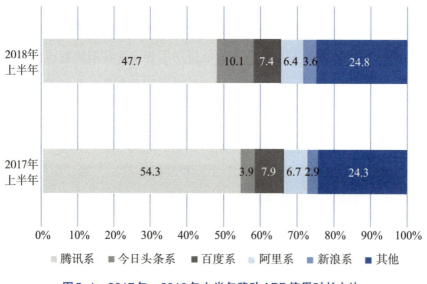

图5-1　2017年、2018年上半年移动APP使用时长占比

---

① 信息来源："恒大智库"公众号。

5.3 今日头条的创新内核

今日头条能在竞相抢夺用户注意力的新媒体市场叱咤风云多年，不仅依赖其技术上的创新和独特优势，也和公司的经营思想和管理模式有关。显然，今日头条的优质创新，一部分归功于产品本身，另一部分则归功于其所属的母公司字节跳动。因此，下文也将从产品和母公司两个层面来归纳今日头条的创新方式。

5.3.1 产品创新

（1）算法推荐

在算法推荐功能上，如果说豆瓣FM、淘宝网等的"猜你喜欢"功能还处在学习甚至模仿的初探阶段，那么今日头条则早已成为业界的领跑者。

除微信、微博等泛在性极强的产品之外，传统媒介产品运营的逻辑是通过类型划分用户群，即针对某一特定的市场展开调研，产品面向特定的群体。例如，小红书主要面向女大学生和年轻职场女性，Bilibili主要面向青少年。但今日头条的逻辑则与此不尽相同：通过与社交平台的连接（如绑定微博、微信、QQ账号），它可以在5秒之内为用户"画像"，精准把握用户的身份及其兴趣点。

对于主打资讯分发的产品而言，在其他因素相同的情况下，在实现"越投越准"这条路上走得越远，就意味着产品越好用。今日头条的精准投放直接促使其用户黏度及活跃用户数拥有了巨大的优势。以"你关心的，才是头条"为宗旨，今日头条对在其平台上的所有内容都进行了标签化处理。同时，针对用户，今日头条以用户的社交数据为基础，通过用户频繁点击或者花费高比例时间浏览的内容推测其兴趣爱好。

今日头条的这一做法也招致了以"信息茧房"为框架的批判。今日头条在以"构建信息茧房是人的本能，而非技术的诱导"为框架加以抗辩的同时，亦对算法采取了"掺沙子"式的优化，在为用户推荐其偏好内容之余，也向其随机推荐一些其他种类的内容，并为用户提供了强干预（关闭）和弱干预（划过去）的交互余地。

截至2014年，今日头条为用户更新"画像"的频率最快可达到10秒一次。如此快的跟进频率不仅可以在客观上达到"用户用得越久，算得越准"的效果，而且可以让用户有实时的感知，从而在相当程度上提高用户黏性，争取到了移动互联时代各大媒体机构最为稀缺的资源——注意力。

（2）鼓励用户原创

用户生产内容（User Generated Content，UGC）是伴随前文提到的Web2.0时代兴起的。尽管各类社交媒体是UGC的集大成者，但UGC并非仅指社交媒体领域，而是代表着一种用户使用互联网的新方式，即由原来的自上而下变成双向互动。2012年左右，UGC已不再是新奇的概念，但UGC在资讯平台中的应用还并不常见。彼时，今日头条将自己打造成了一个"没有小编的媒体"，可以说是网络媒体的先行者。

今日头条早在2013年就推出了"头条号"功能，远远早于2016年百度和腾讯分别推出的百家号和企鹅号，只略晚于2012年微信推出的公众号，后者因绑定微信而带有明显的社交属性。先发优势使今日头条抓住了各类媒体和党政机关，帮助它们在移动互联时代获得更多的注意力资源。

在稍稍站稳脚跟后，自2015年起，今日头条又推出了多期"千人万元计划"，吸引种子用户参与内容发布，以优化头条平台的内容质量。2015年9月8日，今日头条召开发布会，宣布将在未来一年内确保头条号平台至少有1000个头条号创作者，单月至少获得1万元保底收入，以内容质量而不单是阅读量作为入选标准，且签约平台不排他。此外，头条号平台鼓励垂直领域作者形成小型编辑部，成规模生产各品类内容，作为"群媒体"，未来一年希望重点扶持至少100个群媒体，单月至少获得2万元保底收入。入选"百群万元"计划的头条号可以向订阅用户定向推送文章通知，甚至获得头条客户端导航频道曝光①。在此类举措和互联网用户红利的推波助澜之下，头条号吸引了大量活跃的普通用户。

头条号主要依靠两大优势战胜了属于大集团的企鹅号和百家号。其一在于无可比拟的先发优势。互联网是个"老大连肉带汤全吃掉，老二什么都捞不着"的行业。这种现象可以类比当下普遍使用微信导致的QQ规模坍缩和子弹短信（聊天宝）失败。再加上前文提到的"千人万元计划"等，更是巩固了用户基础。其二在于今日头条APP的手机界面兼容性要好于企鹅号和百家号。今日头条APP界面规整，查看所属头条号、点击关注和浏览历史消息都十分方便，而企鹅号和百家号在腾讯新闻、百度新闻等界面中的特征则并不明显。即使是同在浏览器中打开，今日头条的界面自适应效果和流畅程度也要好于企鹅号

---

① 36氪.今日头条推出头条号"千人万元"计划，扶持高质量自媒体作者［EB/OL］.（2015-09-08）［2023-06-20］. https://36kr.com/newsflashes/12641.

和百家号。

（3）严格化内容审核

作为多种模式的初探者，今日头条的发展历程不可避免地伴随风波与非议。其中，最主要的两类纠纷分别来自版权归属和内容质量。

今日头条以创新的内容审核模式应对社会各界的挑战和监督。在内容审核的过程中，今日头条会借助技术对敏感词进行筛选，并根据其情感倾向、主旨等直接过滤掉一部分显然有害的内容。而对有争议的内容，今日头条内部有一个超过1万人的庞大内容审核团队对其进行判定[①]。这样的布置看起来似乎过于谨小慎微，但这其实已是今日头条综合考量媒体形象、用户体验、信息自由度和传达速率等多个变量得出的最优解。

2018年初，今日头条内容质量中心负责人、副总编辑李彤在接受采访时披露，今日头条内容审核团队人员的平均年龄为26岁，党员占比达15%。招聘审核员以"党员优先"，李彤表示，也是因为党员的政治方向和政治立场更坚定，对"高压线"和"红线"更敏锐，对大是大非和政治原则的问题更有判断力[②]。

今日头条内容审核编辑的主要职责除了每日规定的审核产出，还需处理今日头条举报邮箱里用户的举报，抽检和复审平台内容，以及整理互联网行业法律法规和行业资讯的新动态，为审核工作提供支持

---

① 包括今日头条北京总部及各地区分部。作为对照，今日头条的工程师共有约4000人。数据来自访谈。

② 澎湃新闻.今日头条副总编谈内容审核：把低质、低俗的标准分为两个层次［EB/OL］.（2018−01−04）［2023−06−20］. http://news.sina.com.cn/o/2018−01−04/doc−ifyqiwuw6363681.shtml.

等。今日头条建立了一套数据分析系统对审核人员进行培训，其机制与内容分析研究中的编码员间信度检测极其类似：两个审核人员"背对背"审核，如果操作不一致则进入质检，由资历更深的团队判断结果；对于重点文章，严格落实双审制度，只有两审操作结果一致才生效。今日头条还建立了低俗、低质打击算法模型，采取人工审核和技术识别相结合的方式。2017年间，用户举报总量降低80%，"不感兴趣"的用户反馈量减少50%以上，用户满意度提升30%。

今日头条文字创作者在2018年共发布16467万篇文章。[①] 如此庞大的信息量，人工审核的效率难以跟上。每天50万条内容全部交由人工审定的话，一个人需要工作500天才能看完，机器则只需要90分钟。但若全部交由机器，边界就会成为另一个棘手的问题。通过两相折中，今日头条决定，在具体审核工作中，把低质、低俗的标准分为两个层次：几乎所有人都会一致同意的标准底线和因人而异的主观判断。随着今日头条海外业务的开展，审核团队开始引进小语种人才，除了英语、日语，还有印地语、泰语甚至印度尼西亚语等。

5.3.2 公司的创新模式

（1）信息技术工具

从今日头条名字的确立，到公司的各大战略布局，字节跳动都倾向于一切用数据说话，将决定权让与机器。笔者认为这反映出今日头条对技术工具理性的推崇——在当前这个时代，资讯平台的当务之急

---

① 数据来源：36氪. 2018今日头条创作者大数据发布 全年共产生296万篇10万＋文章［EB/OL］. https://baijiahao.baidu.com/s?id=1621006024871708746&wfr=spider&for=pc.

还是生存与推广，这种发展策略是今日头条存续的命脉。

今日头条推出的"双标题"功能便是这种理念的典型实践。在信息爆炸、媒介竞相争夺注意力资源的今天，标题是否有吸引力，对一篇文章的传播效果好坏的影响是致命的。而不同身份的用户则会被不同调性的标题所吸引。同样是一篇关于教师体罚学生被家长起诉的报道，如果把标题设置为"你可能没法知道，你的孩子在学校经历了什么！"和"老师们请注意！脾气收一收，这条红线不能碰！"，则会分别捕捉家长和老师群体的关注点。

针对这样的现象，今日头条开创性地推出了"双标题"功能。自2016年底起，已开通"原创"声明的头条号，达到粉丝数2000以上且头条号指数600以上，即可通过头条号后台申请开通此功能。例如，今日头条在"育儿经"和"教育"栏目分别采用两种标题，以达到最好的传播效果。

（2）团队制度

字节跳动旗下的多种产品规模差异巨大，但团队模式都是相似的。新产品的创意往往自上而下提出，发起者向上提交创意，经审核通过后上级会协助其组建团队，这保障了有价值的创意有公开、畅通的环境落地生根。在今日头条内部，不同产品被鼓励"自由生长"，实习生也可以在团队中挑大梁——达到相应水平的实习生有机会担任项目的策划者甚至引领者，而不仅是打杂、跑腿。这提升了员工的积极性和员工间联系的紧密程度，也有利于吸引有潜质的应届毕业生。

与多数其他科技公司不同，字节跳动旗下产品的团队成员不仅包括内容岗，也包括技术岗。这样做是为了尽可能降低两者之间的沟通成本，提高产品的推进效率。例如，某一栏目有一期想出漫画，按照常规的流程，要与公司的美工设计部门协作——部门之间办公的楼层都不一样，彼此之间不熟，更没有默契，如果美工理解不了编辑的意思，就会出现"bug频发、沟通效率低下"的现象，内容团队、策划团队和程序员等技术岗之间的情况更是如此。而今日头条的模式是将一个产品打包，安排程序员、内容团队人员、美工一起跟进。由此，可以有效解决甲方乙方之间不可调和的矛盾。

（3）地域性、个性化的发展策略

2017年，Tik Tok（抖音海外版）正式上线。最初有不少人都对这一产品并不看好，认为不同地区（国家）的用户的文化背景和习惯不同，抖音可能会出现"水土不服"的现象。但Tik Tok却取得了出色的表现：2017年5月，Tik Tok在越南Google Play和App Store两个应用商店双双拿下总排行榜的第一名；据日本最大的财经日报《日本经济新闻》报道，记者对100名日本人进行问卷调查，结果有24人表示"正在玩Tik Tok"，而此时距其登陆日本也不过半年时间[1]。

按照字节跳动公司的发展逻辑，这种出色的表现其实并不难解释。由于文化和审美的差异，某应用在国内最火的内容是A，在国外最火的内容可能是B、C、D，只要推出与环境相适应的内容产品，加之强大的技术实力保障良好的用户体验，平台就能在新的土壤上蓬勃生长。

---

① 中国网. Tik Tok登顶越南Google Play和App Store总榜 网友热赞中国文化［EB/OL］.（2018-05-04）［2023-06-20］. https://city.cri.cn/20180504/9273f602-3f53-a0e4-bd77-9ab2407d2098.html?agt=1571.

5.4 创新动力因素分析

5.4.1 核心资源助力

今日头条拥有包括人力、技术、资金等核心资源的支持（见图 5-2），其核心资源不仅是战略发展的支撑，更是公司活力的源泉。

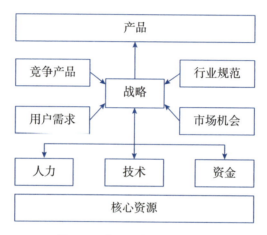

图5-2 今日头条组织架构图

在人力资源方面，今日头条的人才激励机制和管理模式有许多特点。例如，业内领先的市场薪酬；总部开放式的、统一的办公环境，象征着弱化层级、鼓励年轻思维的理念；公司内部减少复杂规则与审批条目；鼓励内部信息透明，加强部门间的沟通交流等。这种思路使得越来越多的人才认同公司的发展模式和理念，企业活力得到充分迸发。

其他核心资源如用户黏性、内容质量等。在流量红利逐渐被削弱的时代，用户的使用时长将成为APP潜在价值的重要衡量标准。在用户黏性方面，今日头条凭借其智能化、个性化的信息推送，创造优质的客户体验，吸引更多的新用户，同时不断丰富的内容和精确的推荐也会持续提高用户黏性。在内容质量方面，头条号的丰富内容输入是其内容资源的核心。其他媒体与自媒体在今日头条平台上注册头条号，产生内容作为推送的资源。头条号内容已占平台内容的九成以上。今日头条在内容资源上的发力还体现在对外部头部内容的版权采买上。短视频形式也成为今日头条的优势。今日头条先后上线了火山小视频、抖音短视频、西瓜视频，在今日头条客户端内也接入短视频端口，并收购了Musical.ly等外国公司壮大业务。在短视频上持续发力，使今日头条在这一新形式上的资源优势非常明显。

移动互联网技术、人工智能与机器算法的蓬勃发展，使得信息的传播方法产生了巨大变革，新兴媒体对传统媒体的影响和冲击不言而喻。如何利用缜密的大数据思维和良好的大数据洞察力推动传媒生态升级转型，使自身完全具备大数据应用的能力，已被各大媒体提上重要议程。这样的技术发展背景，催生了以精准算法为核心竞争力的今日头条。推荐算法背后的科技是今日头条的核心资源之一。字节跳动是全球范围内最早把人工智能应用于主产品的公司之一，其以机器学习为特色的个性化推荐系统实现了"人—数据—算法—信息"的循环，实现了"个性化推荐"这一模式，对用户进行信息的个性化输送。

推荐算法的特色是其推荐基于海量用户数据，用户越多、使用时间越长，推荐越精确，用户的黏性也就越大，使得广告投放效率越高，公司的竞争优势越明显。这样的优势促进了用户增长的良性循环。字节跳动人工智能实验室成立于2016年，依托字节跳动的海量数据，专注人工智能领域的前沿技术研究，并将研究成果应用于今日头条的产品中，利用人工智能帮助内容的创作、分发、互动、管理。同时，实验室也将针对人工智能相关领域内长期性和开放性问题进行研究，帮助公司实现对未来发展的构想，使人类信息与知识交流的效率更高、程度更深。

5.4.2 战略支持因素

（1）市场机会

众多因素之下，媒体转型成为大势所趋。第一，"信息爆炸"使得人的时间越发碎片化，人们变得越来越不胜其烦、生怕自己被打扰。因此，如何抢占人们的注意力并将其转化为资本，成为每一家媒体都不得不面对的难题。第二，业界有人认为互联网行业已经来到"下半场"，用户红利已日渐式微。新的APP越来越难以立足，旧的APP需要在"砸钱赚吆喝"和"孤星战月"中做出艰难的抉择，创新的先行成本和潜在风险越来越高。所有这一切都令我国传媒业的内卷现象日益严重。第三，在人人相联而媒体只是技术平台的时代，媒介的中介意义被削弱，再加上渗透率接近饱和，行业也面临停滞甚至缩水。

因此，当今媒介环境对媒体产品的要求格外严苛，这不仅体现在对内容的筛选和把关上，更要求产品定位清晰、界面等形式设计迎合受众需求，以最大限度抢夺用户的碎片时间。

今日头条系短视频播放量跨越式增长的背后是短视频行业用户流量的爆发式增长。随着智能手机的普及，制作短视频的成本也越来越低，短视频已成为接受度最高、用户黏性最强的形式。移动互联网用户碎片化使用趋势的延伸以及多媒体内容消费习惯的深化，会导致未来短视频市场的进一步扩大。

（2）用户市场需求

移动互联网正在蓬勃发展，微博、微信等社交媒体的用户越来多，人们获取新闻的渠道越来越多。除了了解最新资讯的需求外，用户还衍生出娱乐、社交、分享、个性化等需求。个性化订阅、碎片化、场景化、内容聚合等形式已经成为新闻类客户端的发展趋势。这些需求加载在媒体客户端上，其融合程度决定了是否可以吸引用户。

（3）竞争对手

在新闻资讯类APP市场第一阵营中，今日头条是唯一一个聚合信息类型APP，在其他几家强大的流量导入的压迫下，仍能凭借自身特色优势跻身前五，实属不易。除今日头条外，其他四大客户端各有优势：腾讯新闻有微信、QQ强大的前端流量导入；搜狐新闻则有较早的渠道优势；网易新闻与用户互动性强，获得了较强黏性的用户群；凤凰新闻则依靠凤凰网等平台提供优质内容。而不同的优势也导致各家的用户群有差异，包括年龄、性别、地域以及收入的差异；核心功能各有特色，但各家都在尝试丰富产品功能，功能和内容的同质化日渐显露。如何发展出独特的优势、取得领先的用户量并留住用户是制胜的关键。

表5-1 BAT进军新闻资讯类产品

流量分发下内容 分发/生产渠道	百　度	阿　里	腾　讯
自　有	百度信息流、百家号、百度新闻	无	微信与QQ订阅号、企鹅号、腾讯新闻、天天快报
全资收购	无	UC头条、大鱼号	无
入股投资	无	第一财经、浙报传媒、南华早报、36Kr、虎嗅、21世纪传媒	Zealer、创业邦

（4）传媒业监管规范与社会责任

今日头条在发展壮大的过程中，也出现了一系列监管风波，包括劫持凤凰新闻客户端流量等版权问题、推送非法广告和不良内容监管问题等。因此，今日头条也不时成为舆论的焦点，其他新闻客户端均广泛采用的算法个性化使"信息茧房"的问题被反复讨论。完善监管、确立规范是媒体外部大环境的要求，也是今日头条发展面临的挑战。

一是版权问题。有些资讯的内容只是通过网络爬虫等技术手段抓取当前最新最热内容，并进行版面格式的调整而生成的，在其客户端进行分发推送。同时内容创作者之间抄袭之风严重，导致许多内容抄自其他平台。今日头条曾因此问题陷入侵权危机。

二是算法推荐导致的"信息茧房"问题。系统通过分析和学习用户的行为——曾经搜索浏览过的内容、在不同页面的停留时长等——通过一些算法，对用户的喜好做出预测和推荐，这一功能在商业应用中有着非常广泛的使用。例如，电商平台能够根据用户的搜索历史在主页推送相关商品的消息，增大用户进一步浏览的可能性。

通过用户行为习惯定论的知识供给，虽然符合用户在特定情景下的知识需求，却剥夺了用户获取其他知识的权利。在碎片化时代，人们可以捕捉的知识越来越分散，很多时候不是人们主动搜索获取，而是朋友圈推送什么看什么、平台推荐什么看什么。尤其是靠算法推荐生存的内容平台，推荐的都是用户曾经或者现在喜欢的内容，用户在点击浏览这些内容的同时也失去了阅读其他内容的机会。久而久之，用户的知识面越来越窄，内容价值也会受限于兴趣算法。

针对这些问题，今日头条也利用优势技术提出解决方案。例如，国内首款人工智能反低俗小程序"灵犬"，基于今日头条反低俗模型开发，是净化网络环境的重要尝试；"山货上头条"扶贫公益项目，借助精准传播助力贫困地区脱贫增收；"头条寻人"项目，借助今日头条的平台、技术和庞大的用户量，大幅提升成功找到走失者的概率。

5.4.3 自身定位

今日头条是以推荐算法为核心的资讯平台，其发力点一直集中在技术上，与传统媒体的运营思路截然不同，互联网技术公司的身份有利于其壮大核心竞争力。同时，核心技术也更加容易被运用到全球化运营中，便于全球范围内的本土化经营。整合媒体资源，做资讯平台也是其战略要点。今日头条本身并不生产内容，而是专注于平台用户体验的升级完善。

短视频全球化战略布局有利于今日头条系产品开拓市场。今日头条的"核心算法、个性化推荐"商业模式具有复制性强的特点，公司也在不断推动其全球化进程。其国际化最重要的是本地化运营，针对当地用户喜好进行精细化运营，迎合各国用户习惯。今日头条国际化战略主要包括以今日头条系APP开拓海外市场、投资当地领先APP、新成立的自有品牌开拓新市场。这些战略均取得了良好进展。

5.5 创新案例分析

5.5.1 个性化信息推荐引擎的技术创新

今日头条标榜自己是技术驱动型移动互联网公司，而不是移动新闻客户端。公司内部没有编辑团队，多数员工都是移动互联网技术型人才，强调的是作为搜索引擎利用爬虫技术抓取各大网站的新闻。新闻客户端和信息推荐引擎的区别就在于，前者以内容为王，后者靠技术取胜。今日头条再加入个性化推送服务，进一步优化用户体验。在百度占据电脑端搜索引擎领导者地位而移动端仍留有空间之时，在各大新闻门户网站努力探索移动新闻客户端的起步初期，当手机用户迷失于碎片化信息中时，今日头条看准时机，做移动设备的个性化信息搜索引擎，确是一种可行性大、风险小的技术创新。

5.5.2　大数据模式下的内容创新

今日头条"搬运新闻"的方法是利用大数据技术对数据进行挖掘、收集、整合和呈现。该方法的最大特点就是通过收集、分析用户的日常阅读行为和相关社交网站数据，推算出用户感兴趣的新闻，并将之推送给用户。在对用户绑定登录账号里社交信息的原始数据进行深入挖掘、收集、分析，提炼出用户感兴趣的新闻并对其进行精准推送的过程中，用户无须任何操作，这简化了用户过滤无关信息的过程。随着计算机算法的不断演进和数据分析技术的日渐成熟，推荐精确度也大大提高，极大地满足了广大用户的需求。在当今信息爆炸的社会，今日头条通过充分利用大数据技术，在极短的时间内将内容生产者生产的、用户想看的新闻精准推送到用户面前，实现了新闻的价值，提升了数字技术的地位，这种以大数据思维支撑的新闻分发方式已然成为行业热点。

5.5.3 搜索类新闻聚合APP的渠道创新

互联网思维的一大特点就是抢占流量入口，今日头条更大的价值正是作为移动端的一个信息入口，这为其带来了广阔的"变现"渠道。原创性的资讯内容，特别是纸媒上的优质内容，正是由于缺乏这种"变现"渠道的创新，而使其新闻价值难以实现。今日头条打造的个性化信息分发平台，实现了用户、内容生产者和公司自身的多方共赢。在大数据时代，信息内容产品从价值创造到价值实现的全过程，实质上是内容生产者和渠道提供者等多方共同作用的结果，甚至要实现"内容为王"到"渠道为王"的转变，才能生产出内容产品的价值。

5.6 社会影响与讨论

今日头条是一款基于数据挖掘的推荐引擎产品，它为用户推荐有价值的、个性化的信息，提供连接人与信息的新型服务，是国内移动互联网领域成长最快的产品服务之一。今日头条APP基于个性化推荐引擎技术，根据每个用户的兴趣、位置等多个维度进行个性化推荐，推荐内容不仅包括狭义上的新闻，还包括音乐、电影、游戏、购物等资讯。

2018年比达咨询数据中心的统计结果显示，在同领域用户覆盖率方面，今日头条居榜首（见图5-3）。2018年第一季度，今日头条手机新闻客户端APP以平均单次运行时长达到15.2分钟，居榜首（见图5-4）。

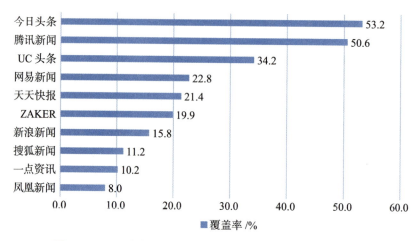

图5-3　2018年第一季度手机新闻客户端同领域用户覆盖率

资料来源：比达咨询数据中心

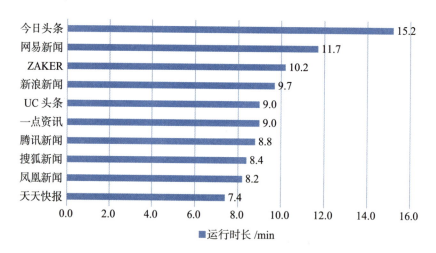

图5-4　2018年第一季度手机新闻客户端平均单次运行时长

资料来源：比达咨询数据中心

　　从营销理论讲，今日头条在用户黏性方面的成功得益于体验营销的观念。体验营销是指企业通过采用让目标顾客观摩、聆听、尝试、试用等方式，使顾客亲身体验企业提供的产品或服务，让其实际感知产品的服务或性能，从而促使顾客认知、喜好并购买的一种营销方式。实际上，用户在注册的时候就被牢牢地锁住了，今日头条会根据用户所在地点、需求、顾虑、文化结构、兴趣爱好、消费水平，用户的点赞、关注、评论与转发等情况来进行内容的细分筛选与精准推荐。今日头条的营销理念是"你关心的，才是头条"，充分体现了以用户为中心的思想。用户想要什么、反馈什么，他们就推荐什么，注重消费前、消费中和消费后的体验，给予用户极大便利，甚至用户只要打开今日头条便可以看到自己想要看到的东西，直接弹窗推荐，此功能成为"头条"品牌经营的撒手锏。

图5-5为今日头条iOS客户端用户评价统计（2018年8月）。从图中可以看出，用户对产品的评价中好评占大多数，当然有五星好评也有一星差评，这种情况每天都表现出一致性。在所有评价中，负面评价通常能够看出用户的需求，而用户主要的抱怨点集中于内容的质量、平台的监管、客服的服务（自媒体）、个人隐私得不到保障、内容的真实性低等方面。

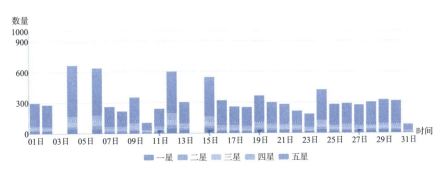

图5-5 今日头条iOS客户端用户评价统计（2018年8月）

资料来源：七麦数据

在针对今日头条产品的众多负面评价中，对"头条号质量低，标题党众多”的抱怨较为集中。2017年1月，今日头条发布了2016年12月头条号大数据报告。报告显示，截至2016年12月31日，头条号总量为44万，比以往增加13%。然而头条号质量的高低与速度的增长却不成正比。调查显示，1/3的头条号作者是90后，超过一半的人运营头条号的时间不超过2年。由此可见，头条号是一个由新手组成的新行业。

与今日头条等新闻平台的兴起同时产生的，还有社会各界关于网络技术如何改变新闻作品传播和使用方式的讨论，这无疑对我国著作权法律制度提出了新的挑战——重构著作权许可制度。作为一个新闻类APP，今日头条发布的新闻信息和内容都要受到政府监管。今日头条与其他新闻类APP最大的不同之处在于，它不是新闻的生产者而是搬运者，发布的内容并不是自己创造的，而是通过连接其他平台的内容最终推送给用户。在未得到原作者或原发布平台同意的情况下，根据国家版权局的规定，今日头条这样的行为已构成侵权。据悉，曾有多家媒体对今日头条的侵权行为提出指责并要求经济赔偿，国家版权局进行立案调查后发现，今日头条确实存在侵权行为。

从国外经验来看，美国学界关于新闻聚合媒体合法性的讨论从"合理使用"原则的法律适用，转向了著作权许可机制的完善，其司法判例也多数判定新闻聚合媒体不侵权，这种方向性的转变对我国著作权许可制度有一定的借鉴意义。结合国内现实情境，法定许可制度更可能成为解决我国新旧新闻媒体冲突的最优途径，沿用与完善我国的报刊转载法定许可制度不失为一条可行之路，其中要探索保障相关付费机制严格执行的体制机制。

诚然，著作权法的初衷是寻求各方利益的平衡，喻国明教授曾指出，在当前互联网所构造的新的资源整合平台上，由自己小而全地加高一个产品所有短板的"木桶效应模式"势必由在一个更为广阔的范围内"强强联手"的"长板协同模式"所取代。内容的价值已经在互联网的架构下实现，取得了创新性的成效，那就不能避免两者的结合，问题的关键在于如何协调双方基于互联网逻辑实现盈利模式的创新，使两者找到价值回报的均衡点。

移动互联网时代，新闻类APP的兴起对整个传媒行业的发展起到了极大的推动作用，APP在新闻传播行业的覆盖率几乎占到一半以上，越来越多的人选择用手机、平板电脑浏览新闻资讯。今日头条在这一背景下取得的成就有目共睹，虽然也存在一些不足之处，但毫无疑问它的发展空间仍旧很大。其他新闻媒体或者后来者可以取其精华之处，共同进步，推进我国新闻行业的创新与发展。

参考文献

艾瑞咨询.2017年中国移动端新闻资讯行业报告［R/OL］.（2017–08–10）［2023–06–20］.http://report.iresearch.cn/report_pdf.aspx?id=3034.

MoonFox月狐.2018年Q1移动互联网行业数据研究报告［R/OL］.（2018–08–16）［2023–06–20］.https://www.moonfox.cn/insight/report/829.

MoonFox月狐.2018年Q2移动互联网行业数据研究报告［R/OL］.（2018–08–03）［2023–06–20］.https://www.moonfox.cn/insight/report/838.

36氪.今日头条推出头条号"千人万元"计划，扶持高质量自媒体作者［EB/OL］.（2015-09-08）［2023-06-20］. https://36kr.com/newsflas hes/12641.

澎湃新闻.今日头条副总编谈内容审核：把低质、低俗的标准分为两个层次［EB/OL］.（2018-01-04）［2023-06-20］. http://news.sina.com.cn/o/2018-01-04/doc-ifyqiwuw6363681.shtml.

中国网.Tik Tok登顶越南Google Play和App Store总榜 网友热赞中国文化［EB/OL］.（2018-05-04）［2023-06-20］. https://city.cri.cn/20180504/9273f602-3f53-a0e4-bd77-9ab2407d2098.html?agt=1571.

06 财新传媒：数字内容付费实践与创新

郭琦

作者简介：

郭琦，清华大学新闻与传播学院2020级硕士研究生，曾就职于央广广告、广告导报等公司，现任边无际（北京）科技有限公司市场总监。研究方向为技术哲学、媒介技术与社会、马克思主义新闻观。

　　数字内容付费是新闻机构在媒体融合时代创新的经营策略之一，媒体转型意味着习惯于传统运作方式的媒体机构开启对经营方式和内容生产方式的重新选择。从全球传媒行业的发展来看，早在2014年《纽约时报》的付费订阅收入已超过其广告收入，数字内容付费带来了国内外主流媒体在内容生产、技术优化、营销推广等方面的变化。中国的媒体转型有其独特的语境，主流媒体需要保证新闻宣传的事业属性，无法完全施行数字内容付费。与此同时，中国市场化运营的媒体尝试进行数字内容付费模式的探索，以应对互联网平台与新媒体的冲击。财新传媒在进行数字付费模式转型中，表现出积极的态度，已经对其全渠道的内容产品设置了付费墙。数字付费模式直接影响媒体机构在内容相关的两个重大问题上的差异性选择，即"生产什么内容"和"如何生产内容"，也会影响"选择哪些用户"和"如何扩大用户"的营销运营选择，最终使得财新传媒在中国媒体市场上形成独特的品牌定位。本章将围绕财新传媒数字内容付费的实践，表明市场化运营的媒体在中国选择数字内容付费具有可行性，为新闻机构的全媒体转型提供可借鉴的路径。

6.1 财新传媒的发展历程

财新传媒于2009年12月创办，团队主要成员来自原《财经》杂志部分记者、编辑。十余年间，财新传媒经历四轮融资，成为提供财经新闻及资讯服务的全媒体集团。财新传媒的主要业务和产品包括财新网、《财新周刊》、《中国改革》、财新国际等，已建立起以"新闻＋数据"为两翼的核心业务，覆盖中英文媒体、会议、数据等多层次产品。

财新传媒形成了融媒体产品矩阵，新闻报道以财经领域为轴走向纵深。财新网有机整合资讯、观点、多媒体、互动等形态丰富的资讯产品，定位在以客观、专业的视角，实时输出高品质的原创内容，为中国政界、金融界、产业界、学界等读者提供每日必需的高品质财经新闻、资讯、评论，以及基础金融信息服务；《财新周刊》面向政府、产业和投资领域的决策层与管理层，以经济、金融、产业及其他各社会领域的新闻资讯为核心，提供及时的独家报道、深度调查、专业评论，记录、追踪中国市场经济的进程；《中国改革》紧贴时事，提供重要议题多方讨论的平台，评述影响中国改革进程的重大事件和焦点人物；财新国际定位于国际化的高端用户，强调为海外读者和专业人士提供有关中国宏观经济、金融和商业资讯的英文新闻、资讯及数据平台，有PC及移动英文新闻平台Caixin、印刷刊物《财新中国经济与金融》，提供政策分析、行业监控、数据服务和更多关于中国经济政策和金融市场的研究服务；财新图书专注财经及社会、人文等领域，聚焦折射历史、影响当今、昭示未来的重点事件及焦点人物，秉承新闻媒体的社会责任，已出版《跨界学习》《5G革命》《变革中国》《重回价值》等图书。

　　财新传媒的经营理念包含"公信力、全媒体、世界观"。^①成立之初，财新传媒邀请吴敬琏、保育钧和肖梦等人出任"公信力委员会"首批委员，用以保障内容报道的公信力。同时，重视国际报道，关注世界经济环境变化，借鉴并输出世界经验。虽然财新传媒脱胎于纸质媒体，但发展过程中把握住了互联网转型进程，在数据新闻、音视频等内容板块寻找创新。

　　财新传媒强调新闻报道的专业性，重视对第一手信源与专家学者的采访，强调报道的原创性与高质量，建立起专业新闻记者队伍，善于发掘新闻事件背后深层次的价值，在重大事件的深度报道中表现突出。以《财新周刊》在2022年第十七期封面报道《粮食安全预警》为例，围绕全球化肥短缺、贫困人口增长、中国粮价压力等议题，通过采访专家学者，对比农业生产资料以及农产品价格变化等情况，全面展现了全球粮食供应三角平衡被打破后的粮食安全问题。

　　财新传媒的数字内容付费实践始于新闻媒体的融媒体转型进程中。2017年，财新传媒在国内启动全网收费模式，开启付费订阅模式，目前拥有财新通、财新数据通等付费产品。在数字内容付费实践中获得了关注和认可，2020年12月7日，国际报刊联盟（FIPP）发布《2021全球数字订阅报告》最新数据，财新传媒以70万付费订阅用户入围榜单，位列全球第10。

---

① 资料来源：财新传媒副总裁、财新COO康伟平在清华大学新闻学院的讲座。

6.2　财新传媒的创新模式

6.2.1　数字内容付费模式

财新传媒数字内容付费模式的推进受到转型进程以及技术积累等条件的影响，呈现为渐进式。"付费墙"（Paywall）指传统报纸对其在线内容实行有价阅读而建立的支付模式，是报纸提供商对数字新闻实行付费阅读的准入系统。[①]财新网上线之初，"财新数据"与"财新英文"首先实行收费模式。自2013年1月28日起，"财新数字新闻数字版"开始实行预览付费模式，用户可免费浏览10页内容，此后的内容则需要订阅付费。从2017年11月6日起，财新网启动了全面收费。[②]目前，非付费用户仅能阅读标题、摘要和正文开头的部分内容。即使在作为内容分发平台的微信公众号上，财新传媒也将发布内容进行了缩减并引导至含有订阅入口的官网界面。数字内容的收费形式会在促销活动中发生变化，例如，财新在一段时期推广自己的新闻内容时，允许付费用户获得转载文章的免费阅读权限，这样可以通过付费用户的转发带来更多的文章阅读量和用户转换，达到内容付费与用户增长的平衡。数字内容付费使得内容的生产、分发、营销都与技术能力相结合，数字内容付费模式需要顾及内容的版权保护。

数字内容付费不仅是在线内容的定价策略，而且是传统媒体在进行融媒体转型过程中的战略选择。数字内容从免费到付费，不仅伴随

---

① 孙志刚，吕尚彬.纽约时报付费墙对中国报纸的启示［J］.新闻大学，2013（3）：109-114.

② 邱雪.财新数字新闻付费模式研究［D］.辽宁大学，2019.

着传统媒体将媒介经营重点从纸质媒介向电子媒介的转移，也代表着传媒机构的主要经济来源从单一纸媒转向以互联网为核心的融媒体，在发展过程中会出现探索的曲折，面临传统业务式微、融媒体业务未起的风险。数字内容付费模式背后存在"创新者的窘境"。

首先，从传媒产品的商业属性上看，传媒产品作为二元商品，既被大众购买，又令广告商付费。广告商付给机构的广告费是传媒机构的主要收入来源，广告商付费的本质是购买由媒体连接的大众，大众的数量和质量关系到广告商付费的多少，所以纸媒在发展过程中，不惜降低报纸的定价，以换取更多的受众，从而赚取更高的广告收入。免费内容可以降低内容消费门槛，带来更多的受众，从二元商品的逻辑上看，不应该利用收费的方式为受众划定门槛，减少受众的数量。但是，与纸质媒体相比，互联网媒体是巨大的内容增量市场，免费内容不具有比较优势，反而影响到传媒机构自身业务的存续。传统纸媒在向互联网转型过程中，不得不经历纸媒广告收入剧烈下降、互联网端收入增长缓慢的双重阵痛。

另外，从新闻产品的属性上看，新闻与文学、艺术的不同之处在于其具有很强的公共属性，新闻及时、准确、有效地发布是对公众知情权的保护，也是维护社会秩序的有效工具。面向最广泛受众提供符合公共利益的新闻产品，与经过价格筛选的付费新闻产品是两种不同的诉求和服务。《人民日报》《南方都市报》《潇湘晨报》都尝试过数字内容付费模式，最终以停止施行告终。中国的主流媒体在新闻付费实践中难有进展，其实是由制度属性决定的。在中国，新闻事业具有双重属性，既具有意识形态的上层建筑属性，又具有信息产业属性，其外在表现是"事业性质，企业管理"。

6.2.2 数据驱动模式

数据新闻是一种新型的新闻报道方式，主要依靠特殊的计算机编程，对数据进行抓取、挖掘和处理分析，将新闻以可视化的方式呈现出来，从而展示宏观或抽象数据背后的新闻信息和新闻故事，具有形象生动、通俗易懂、服务公众利益等特征。[①]数据新闻成为传媒机构的关键产品有多个原因：一是随着互联网成为重要的社会交往平台，社会主体在互联网上产生大量数据，针对数据的挖掘、分析可以带来新的报道选题和社会发现；二是计算机作为辅助工具进行数据的分析和处理变得越来越易用，统计技术与新闻调查及写作有了深度结合的可能；三是可视化的图表、动态的视觉表达等设计，改变了文字报道的叙事结构，具有可读性、互动性，易于被受众接受。

财新传媒是较早开始发布数据新闻的中国媒体，并且通过在内部设立专门的数据新闻生产团队，促使数据新闻持续高质量产出。财新可视化实验室创始人、原财新传媒CTO黄志敏被业界称为"中国数据新闻第一人"。从内容产品端来看，2012年10月，财新网创建"数字说"栏目，该专栏成为国内首家制作财经数据新闻的网站专栏，以"用数据解读新闻，用图标展示新闻，将数据可视化，为用户提供更好的阅读体验"为栏目的基本定位，以房地产、股市、经济、银行、富豪、IT等为主要新闻话题，也涉及环境保护、食品安全、灾难事故

---

① 方洁，颜冬.全球视野下的"数据新闻"：理念与实践［J］.国际新闻界，2013，35（06）：73-83.

等常规性内容。2013年8月，财新传媒成立了数据新闻与可视化实验室，为数据新闻提供信息资源与技术支持，数据新闻的报道质量有了提升。财新传媒的数据新闻曾获得国际数字媒体创新大赛季军，是同期国内数据新闻生产中最早获得的国际荣誉之一。

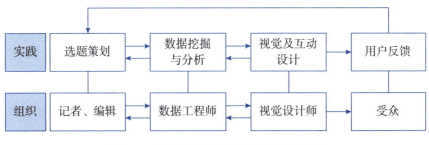

图6-1 "数字说"数据新闻生产流程图

从内容生产端来看，数据成为驱动新闻生产的关键要素，在一定程度上改变了新闻生产流程。首先，数据的挖掘和分析成为新闻报道的选题来源，数据挖掘师、数据分析师、程序员等成为新闻机构中重要的技术人才；其次，可视化图表可以辅助文字报道，视觉设计师参与新闻制作过程；最后，来自受众的数据反馈成为改进新闻生产的控制因素。

财新传媒的付费数据产品既面向个人用户，也针对机构用户进行产品开发。目前，财新传媒的数据产品包括基础数据库、财新特色数据库、专业债券数据库、专业金融数据库等。此外，财新传媒将其数据分析和渠道分发能力，转变成商业合作方案。例如，财新传媒联合搜猪网，推出搜猪研判数据库，每日更新28个省份一线数据，助力农产品期货投研分析；财新传媒联合中科网推出全媒体广告数据库，使用者可以查看监测日期、广告主、关联上市公司、投放广告的具体产品、媒体类型、媒体详单、广告花费等全面的投放信息，以便企业用户从不同数据维度进行对比与研究。

6.2.3 技术创新模式

技术是开发新产品、提升用户体验的重要因素。在融媒转型过程中，技术平台的建设、改造、更新都会对媒体内部的组织结构、生产流程、运营方式带来改变，如人民日报的"中央厨房"围绕新的技术平台，改进了采编流程，提高了新闻生产效率，丰富了新闻产品形态。财新传媒内部组建了规模比较大的技术团队，技术与运营相互配合，不断研究和适应互联网运营打法，将财新传媒的产品和用户特点相结合，通过精细化运营，满足差异化的用户需求，扩大财新传媒用户群。[①]

财新传媒的技术创新来自两个方面。一方面是自有技术团队的开发与维护，机构内部虽然无法拥有与大型互联网平台同等规模的工程师团队，但是工程师与记者、编辑以及管理团队的沟通交流更具灵活性，在提升产品的用户体验上具有针对性；另一方面，财新传媒通过技术合作实现技术开发升级，媒体品牌影响力以及用户数据优势使财新传媒有机会与国内一流的技术公司进行战略合作，如科大讯飞、微众银行等团队。财新传媒在付费墙技术与数据相关产品等方面积累了技术经验。例如，财新网上线之初，为保证《财新周刊》线下销售保持高水平状态，《财新周刊》线上版就采用了付费模式，这成为财新传媒付费墙设置的技术先例。此外，数据的可视化报道考验了财新传媒

---

① 园长，石灿.财新付费订阅用户突破70万，"付费墙"之路如何走通？［EB/OL］.2021［2022］.https://mp.weixin.qq.com/s/Hw8bapE6DY914K8baS_Fwg.

的数据可视化设计能力。同时，财新传媒积累了数据挖掘技术和数据分析技术。例如，上市公司舆情指数、财新数据货币市场库等数据库，将数据资源打造成对商业决策有利的数据产品提供给企业及个人用户。

6.3 财新传媒创新动力因素分析

6.3.1 领导人及企业文化

企业的领导者是媒体机构创立、运营、转型过程中的关键影响者。财新传媒创始人胡舒立，毕业于中国人民大学新闻学专业，曾在斯坦福大学攻读发展经济学。胡舒立于1998年创办《财经》杂志，担任主编11年，是财经新闻领域资深的从业者；2009年，创办财新传媒，任总编辑，主创团队大多来自《财经》杂志；2018年1月，卸任《财新周刊》总编辑，改任财新传媒社长。胡舒立曾登上美国《时代》全球最具影响力百人榜，获密苏里大学新闻学院颁发的"密苏里新闻事业杰出贡献荣誉奖章"。

胡舒立是一位对新闻专业性具有很高要求的媒体领导者，她强调新闻报道的独立性、事实性、原创性，她的个人特质直接影响了财新传媒的报道态度与风格。在实际经营中，财新传媒在采编和经营业务间设立"防火墙"，使得业务之间互不干涉，尤其是经营业务不能影响采编业务的独立性，保障新闻内容在采编上的客观性，保护新闻记者不受市场环境的干扰，保持客观、中立的立场。

胡舒立在财新传媒全线产品的付费转型中具有决定性作用。2017年，胡舒立为寻找媒体转型发展方案，在欧洲参访了《金融时报》

《经济学人》等知名媒体。回国后，胡舒立在财新传媒内部表示决心开展付费新闻业务，认为"还是要卖自己生产的内容，卖别的东西，可能都是远水解不了近渴"。胡舒立当时曾表示，"做好失败的准备……愿意为中国的传统媒体转型做一些尝试"[①]。

6.3.2　企业竞争策略

数字内容付费在以免费内容为主的中国媒体市场，是确立品牌差异点的关键竞争策略，对于更强调市场化运作的财新传媒是一种现实选择。营销学者杰克·特劳特提出定位理论，认为产品应该找到独特的定位，占据人的心智。新闻内容付费表明财新传媒在专业内容生产上的能力和底气。在重大社会性事件发生时，财新传媒会将有影响力的、公益性较强的文章通过限时免费的形式向社会开放。新闻付费与优质的新闻内容相辅相成，新闻付费表明受众对内容的认可，优质的新闻内容又会带来更多的付费用户，最终形成用户增长和收入增长的正反馈。

媒体竞争中最重要的是内容竞争，数字内容付费的前提是存在优质内容被持续提供，对内容质量提出了更高的要求。目前，财新传媒以经济、金融、公司、政经等作为板块分类，并在科技、地产、汽车消费、健康、ESG等议题中生产特定内容。从内容选题上看，财新传媒关注事关多方利益的选题，通过详尽的内容、多样化的群体，将与民生相关的财经议题呈现给受众。例如，《财新周刊》2021年第三十期发布《百亿水灾理赔　保险业撑得住吗？》的报道，既关注

---

① 资料来源：财新传媒副总裁、财新COO康伟平在清华大学新闻学院的讲座。

了河南灾后重建工作中的民生议题，也详尽阐述了保险业理赔逻辑，具有很强的公共价值。从新闻生产上看，新闻报道最重要的是对现场第一手资料的挖掘，在重大事件发生时，财新传媒会及时派出记者团队奔赴新闻现场，抢占新闻报道的"第一落点"。在内容的整体策略中，财新传媒习惯于对特定选题进行深度调查报道，直面新闻背后的现实状况，承担起社会监督的责任，及时、有效、有分寸地指出在重大事件背后政府工作中的盲点和缺失，促进问题的解决。例如，财新传媒于2015年3月9日发布的报道《晾晒池？排污池！》，通过当地民众、工厂员工、环保人士和环境保护部门工作人员等人的看法，对内蒙古部分企业污染物排放量可能存在与宣传中出现的"零排污"概念不相符这一新闻线索进行走访，最终形成了围绕晾晒池现实状况的系列调查报道，受到了广泛重视，最终促成环保部门发出通告，勒令企业整改。

企业竞争的关键是找到目标市场，提供具有竞争力的服务。财新传媒的定位是专业财经媒体，其受众文化程度高、收入高，用户的内容消费画像是既关心特定行业的发展，也关心宏观形势的变化。财新传媒需要找到与《财经》《21世纪经济报道》等同类型市场化媒体的差异，也要在《中国财经报》《证券日报》等行业主流媒体外寻找报道机会。财新传媒关注"大人物""大事件"，建设社会精英多方发声的平台，主动设置媒体议题，强化在经济发展中的品牌影响力。"财新会"是财新传媒举办会议的主要品牌，主要表现在会议定位于高端人群，会议内容具有权威性和前瞻性，国际化程度高。例如，2021年第十二届财新峰会活动在北京与新加坡两地同期举办，会议主题为"为了人类命运共同体"，活动嘉宾均是来自全球政、商、学界的代表，讨论在全球化减速及部分领域失速的情况下，如何利用先进的科技和手段在困境中应对各类挑战，促进世界各国放下分歧、携手合作，应对解决气候变化、公共卫生、经济发展等攸关全人类未来的诸多挑战和风险，实现共赢共享，成为国际上被广泛关注的媒体会议。

6.3.3　技术应用

数字内容付费所依赖的"付费墙"技术不仅是打通线上支付接口，设置订阅收费选项，保障付费内容不被轻易浏览、复制、转载，还需要保证在营销活动中保持灵活性。这些功能的实现需要在知识产权认证与保护、媒体平台安全性、内容跨平台兼容性等方面具有技术职称。例如，财新传媒曾与三联达成商品促销合作，购买任意一家的年度会员产品，即可同时获得两家产品的会员权限，这需要技术方面的对接与调试。

智能算法技术是当前互联网媒体平台主要的技术应用，可以实现点对点式、"千人千面"的信息触达。智能算法推送应用的基础为，一是内容存量巨大，有足够的量进行分类推送；二是用户类型丰富，个性化指标突出，有足够的消费需求。财新传媒的报道数量和用户类型丰富程度不及大型媒体平台，需要对智能算法推送进行更细致、独特的设计。财新传媒通过与微众银行的工程师团队合作，尝试应用智能推荐算法，面向高质量用户的个性化推送。在智能推荐算法的基础上，财新传媒正在尝试对存量文章进行精准推送，开发优质文章的传播潜力，夯实财新传媒的平台影响力。

智能语音合成技术的运营，丰富了内容的形态，提高了内容的利用率，使以文字报道为核心的财新传媒在音频内容市场中获得用户增长。财新传媒与科大讯飞达成合作，采用智能语音合成技术，完成对特定稿件的语音播报。用户在文章页面中点击"听报道"，会出现以"ai财小新"为名的智能主播进行文章播报。财新传媒将智能语音播报与真人主播整合成为"财新FM"产品，提供财经领域具有影响力的语音节目。

新技术可以成为改革组织架构、改变生产方式的杠杆。织雀平台是财新传媒内部技术研发系统所做的内部知识管理系统，机构内部各单元可以将自己的内容资源添加到系统中，并且可以在各资源之间添加关联，形成网状知识结构。算法会自动添加资源，预测并建立关联。在织雀平台的基础上，新闻生产者可以更快地知道一个人在哪里履职、与哪些人有交集、参与了哪些事件、是哪个行业的人物、与哪些主题相关。利用知识管理平台，财新传媒可以避免运营编辑人员重复劳动，保证信息的准确性和一致性，还能为搜索功能提供更多扩展能力、提高用户关联阅读的准确性，为标签、专题、栏目等功能赋予非符号的内涵。

6.4　创新案例分析

数据新闻是大数据洞察与审美价值的统一，是受众付费购买的优质内容产品之一。财新传媒关注作为创新新闻形式的数据新闻，数字说是围绕数据新闻打造的持续更新的专题栏目。数据新闻对媒体机构的选题、数据处理、可视化呈现等方面的能力提出了更高的要求。财新传媒数据新闻团队在2017年推出《移民去远方》可视化数据新闻，由财新数据可视化工程师韦梦和记者陈香君两人合作完成。页面主体结构分为左、中、右三部分（见图6-2）：左侧可以选择具体国家查看数据，包含移民总人数趋势图、移入数量、移出数量以及移民政策的定性示图；中部是一个3D地球仪，鼠标点击会发生变化、线条表示与他国的链接、颜色表现出人数的变化、动态光点表示移入和移出的方向，通过右侧点击国别、移入、移出等选项可以令3D地球仪旋转变换至特定国家；右侧为一篇移民数据的报道内容，展现了世界移民状况、中国内地移民状况、中国香港移民状况等内容，在第一大移民国家、第二大移民目的地、第一大移民输出国等指标上予以强调。

图6-2 财新传媒数据新闻《移民去远方》可视化效果

资料来源：财新数据新闻

从可视化数据新闻《移民去远方》可以看出，移入地排在前五位的分别是中国香港、韩国、巴西、菲律宾、印度尼西亚；移出地排在前五位的分别是中国香港、美国、韩国、加拿大、日本。在显示"仅移出"的选项中，中部3D地球仪上标注了前五大目的地，同时有紫色小人沿线条移动，表示以50万人为单位的移民情况。左下角的移民政策板块可以看出1990年至2015年的移民政策的整体情况，可知1960年至1985年与1990年至2000年，中国的移民政策相对放宽。

完成该报道中的3D地球仪形式，涉及的技术主要包括WebGL、

d3、THREE.js 以及 GeoJSON 等，并通过 Excel 用公式将联合国移民数据库的公式进行了分类处理。[①]

为了优化不同终端的用户体验，创作者对可视化设计进行了显示优化，方式是在代码中添加对显示器的判断，对不同大小的屏幕进行适配。同时，该项目还专门进行了移动端适配，呈现为完全不同于 PC 端的分屏叙事形式，适应移动端的阅读方向，舍弃了折线图、具体的移出移入数据等内容的显示。

《移民去远方》在公开的数据库中发掘新闻，寻找数据中的新闻点，通过国家之间移民数据的差异找到矛盾和冲突，通过图标和 3D 图像的方式进行可视化设计，通过鼠标点击使受众与数字内容产生互动。该作品获得"2018 年全球数据新闻奖"（最佳大型数据新闻团队奖），是中国媒体首次在全球数据新闻奖项评选中获奖。

6.5 社会影响与讨论

财新传媒是中国新闻机构中应用数字内容付费模式的标杆型媒体机构，为中国新闻机构的市场化经营提供了新的思路，也为财新传媒自身寻找到了独特的品牌定位。在媒体转型过程中，财新传媒需要承受多种压力：一是移动互联网发展，带来用户新闻消费习惯的改变；二是以新闻智能推送为代表的媒体平台，造成新闻生产端的权重发生变化；三是在中国的新闻报道环境中，需要找到合适的报道目标和方

---

① 韦梦，陈香君.用 3D 地球呈现移民大数据——财新数据可视化作品《移民去远方》制作流程详解［J］.传媒评论，2018（08）：56-59.

向。财新传媒的媒体转型是受到政治、市场、技术等多方面影响的现实选择。

新闻机构的立身之本是内容，财新传媒的数字付费实践是以持续的高品质内容作为基础的，为财新传媒的内容树立了高品质的品牌印象，也在"付费"与"免费"的灵活转换间获得了内容营销的空间。面对社会重大事件时，财新传媒以专业的新闻生产为指导，将内容生产与新闻现场绑定，为社会上的各种意见提供发声的平台，并通过数据新闻等手段降低专业信息的接受门槛，增加新闻信息在互联网的网状传播结构中有效传播的机会。

财新传媒的媒体转型需要技术驱动，付费墙技术、智能推送技术、内容生产的整合系统都需要强大的技术支撑。从供给侧看，新闻编辑室已经转换成记者、编辑、计算机工程师、数据分析师、视觉设计师等多岗位合作的工作场所，需要在线合作的工作形态。从消费侧看，技术将更多元的新闻生产者和更广泛的新闻消费者连接，内容在生产端和消费端双向流动，数据成为新闻生产中重要的生产要素。

总体上，财新传媒并非财力雄厚的新闻机构，新闻订阅模式的成功与否关系到财新传媒的生存和发展。财新传媒也并非以互联网技术团队为主的平台型公司，技术应用呈现出"小而美"的特点，具有针对性。财新传媒的媒体转型更多地强调优质内容的产出，这是付费订阅的题中之义，也是技术辅助手段服务新闻生产的落脚点。财新传媒需要在数字内容付费中寻找发展出路，把握好新闻报道的价值选择，争取到更多的报道空间。

参考文献

孙志刚，吕尚彬.纽约时报付费墙对中国报纸的启示［J］.新闻大学，2013（3）：109-114.

邱雪.财新数字新闻付费模式研究［D］.辽宁大学，2019.

方洁，颜冬.全球视野下的"数据新闻"：理念与实践［J］.国际新闻界，2013，35（06）：73-83.

园长，石灿.财新付费订阅用户突破70万，"付费墙"之路如何走通？［EB/OL］. 2021［2022］. https://mp.weixin.qq.com/s/Hw8bapE6-DY914K8baS_Fwg.

韦梦，陈香君.用3D地球呈现移民大数据——财新数据可视化作品《移民去远方》制作流程详解［J］.传媒评论，2018（08）：56-59.

07

彭文

四川日报报业集团：技术驱动下的智媒体建设

作者简介：

彭文，清华大学新闻与传播学院硕士研究生，主要研究方向为数字新闻学、乡村传播。

步入智能传播时代，智媒体在业界得到快速响应和生长。自2016年封面新闻率先提出智媒体理念以来，各大媒体纷纷试水智媒体建设。新华社、中央广播电视总台、上海报业集团、南方报业传媒集团等央媒和地方媒体做出了大量的探索，特别是几大央媒卓有成效的探索更是引领了整个传媒业在智能传播方面的发展。2020年出台的《关于加快推进媒体深度融合发展的意见》（简称《意见》）文件中，强调了要以先进技术引领驱动融合发展，用好信息技术革命成果，加强新技术在新闻传播领域的前瞻性研究和应用。在媒体深度融合发展的进程中，显然离不开对新技术尤其是智能技术的使用。身处技术变革浪潮之下，四川日报报业集团（简称川报集团）结合自身发展情况，在融合转型方面持续进行深入探索，比较典型的是成立封面传媒科技公司，推动四川日报全媒体一体化融合，打造智能编辑部等。技术已经成为贯穿川报集团融合转型全过程的重要法宝。

7.1　四川日报报业集团的发展历程

川报集团最初是在四川日报社的基础上成立的。《四川日报》诞生于1952年9月1日，距今已有70多年历史，早期是《川西日报》《川东日报》《川南日报》《川北日报》"四报归一"后的产物。《四川日报》是中共四川省委机关报，报头由毛泽东主席亲自题写。1995年1月1日，四川日报社创办了《华西都市报》，这是中国第一张都市报，开创了中国报业的"都市报时代"。2000年9月，四川日报报业集团正式挂牌成立，成为西部首家由省级党报组建的报业集团。2021年10月29日，四川党建期刊集团整体并入川报集团。作为一家现代传媒集团，川报集团现有包括《四川日报》《华西都市报》《精神文明报》在内的13类报纸，《四川党的建设》《廉政瞭望》《新闻界》《川商》等14种刊物，川观新闻、封面新闻等9个客户端，四川在线等21个新闻网站，华西手机报等2个手机报及百余个第三方平台账号，跻身全国省级党报集团第一方阵。①

新媒体技术普及初期，川报集团顺应行业发展趋势，完成了川观新闻和封面新闻两大客户端的建设。川观新闻于2014年上线，一方面为用户提供独家原创的深度新闻报道，另一方面以音视频、直播、AR等新形态产品见长，形成了"内容+技术"的全媒体移动传播矩阵。2015年10月，封面传媒公司成立，它将智媒体和年轻态作为核心理念，以"引领人工智能时代的泛内容生态平台"为愿景，以亿万年轻人的生活方式为定位，从年轻群体上细分市场，建设"智能+智慧+智库"的智媒体。封面新闻属于封面传媒旗下的产品，由川报集团投资打造、华西都市报实施运营，自成立以来便不断推动传播方式智能化、传播形态视听化、运营方式网络化、盈利模式数字化，具有较为广泛的受众群体。

---

① 信息来源：四川日报报业集团官网。

在中央加快推进媒体深度融合的顶层设计指引下，川报集团于2020年9月18日正式启动全媒体改版迭代，打造四川日报全媒体（简称川报全媒体）。川报全媒体的核心架构是四川日报、川观新闻、四川在线、四川国际传播中心、四川农村日报、四川云和川观智库。当下，川报全媒体正在全力打造智能编辑部，用人工智能等新技术赋能新闻生产传播全过程，提升传播力和影响力。其本质是人机协同生产的编辑部，人和机器各自发挥作用，形成协同关系，产生聚合效应。"2345"计划（见图7-1）是智能编辑部正在推进的重点项目，"2"是通过"民情"和"问政"两大品牌走好全媒体时代群众路线，"3"是通过四川云"21183+N"赋能省域三级治理体系，"4"是通过川观智库提供"问、探、参、论"四类高质量智力服务，"5"是通过川观算法首创的五层算法体系定义主流媒体算法。

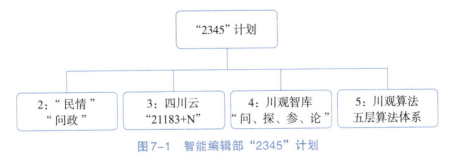

图7-1　智能编辑部"2345"计划

7.2　四川日报报业集团的创新模式

7.2.1　技术创新

《意见》释放了先进技术引领驱动融合发展的信号，也为川报集团的创新发展指明了方向。《意见》列举了5G、大数据、云计算、物联网、区块链、人工智能等信息技术革命成果，要求应用到新闻传播领域，推动关键核心技术的自主创新。反观互联网的发展历程，从PC互联网阶段、移动互联网阶段，到当下的智能互联网阶段，各类技术形成了叠加效应，特别是5G和AI技术正在重塑整个传媒生态，移动化、社交化、视频化、智能化的"四化"迭代已经成为信息传播的典型特征。[1]智媒体建设势在必行。

智媒体是用人工智能等新兴技术重构新闻信息生产与传播全流程的媒体。从技术角度而言，智媒体建设的核心是用人工智能技术改造媒体，让人工智能与相关联的大数据、云计算、物联网、区块链等技术进行融合，用于实现产品研发和迭代。川报集团把人工智能技术看作一项划时代的革命性技术，视为在新闻采访、写作、分发、互动、营销、效果反馈等环节蕴藏着巨大能量的驱动性技术。围绕着技术创新，川报集团在"ABCD"（A：Artificial Intelligence，人工智能；B：Blockchain，区块链；C：Cloud Computing，云计算；D：Big Data，大数据）和"5G+3R"（3R：AR、VR、MR）等技术应用上持续探索。

（1）区块链和云计算

在区块链和云计算的双引擎合力驱动下，"数字+媒体"彰显巨大活力。就应用而言，区块链作为一个"分布式账本"，具有不可篡改、去中心化、信息可追溯等特征，在版权保护、数字资产管理、新闻生产、广告营销等方面都有显著成效，但在实际运用上仍然处于初步探索和认知的阶段，尚且存在许多值得挖掘和运用的方面。云计算作为一项基本应用，则主要在三个方向上发挥作用：第一，建立基

---

[1] 信息来源：四川日报报业集团党委副书记、总编辑李鹏"智媒体：新物种进化论"讲座内容。

层技术的架构，帮助媒体迈向互联网平台；第二，驱动网络业务的发展，支撑媒体迭代多元产品；第三，助力重要产业的转型，特别是互联网产业、文化产业、传媒产业。[①]

2022年以来，川报集团对于区块链的最新应用是数字版权保护，更确切地说是数字藏品。区块链数字藏品是使用区块链技术通过唯一标识确认权益归属的数字作品、艺术品和商品，能够在区块链网络中标记出其所有者，并对后续的流转进行追溯，包括但不限于数字图片、音乐、游戏、视频、电子票证、数字纪念品等各种形式。这些数字藏品是基于联盟区块链技术生成和发行的，只能被通过实名认证的区块链用户拥有，是具备唯一标识的非同质化数字商品。通过区块链和智能合约的技术，区块链数字藏品可以记录作品在未来的流向，创作者在保留版权的同时，还能从作品转卖中获得分成。[②]通过区块链技术，可以将数字或者实体的数字藏品制作成区块链数字藏品，限量发行，提升数字藏品的价值流转、价值发现和价值储藏能力。川报集团旗下的川观新闻、封面新闻都推出了一系列文创类数字藏品，包括三星堆、中国国家公园等主题。

（2）智能应用

智能应用是川报集团实现融合转型的关键所在，也是促进其经济信息生产呈现新形态的基本策略。21世纪以来，传统媒体长期处于"跟跑"网络阶段，受制于落后的技术，出现被动局面。随着智能互联网时代的到来，人工智能成为新一轮科技革命和产业革命的重要

---

① 信息来源：四川日报报业集团党委副书记、总编辑李鹏"智媒体：新物种进化论"讲座内容。

② 信息来源：访谈四川日报报业集团党委副书记、总编辑李鹏。

驱动力量，加快发展新一代人工智能在媒体融合转型中的应用，成为媒体抓住新一轮科技革命和产业变革机遇的首要战略问题。在此背景下，川报集团在2016年便率先提出打造智媒体，充分利用人工智能新技术，重组新闻信息生产与传播全流程。

智能机器人是人工智能技术的重要成果。封面新闻在2016年5月4日上线时推出了"智能代表"——小封机器人。作为封面新闻编号第240号正式员工，"小封"位列全国智能写作平台排行榜前十名，出版了名为《万物都相爱》的诗集，具有内容生产、社交互动、活动营销等多场景应用，其中包括"小封高考志愿助手"这一服务于广大高考考生和家长的特色应用。"小封"可以通过深度学习、文字识别、知识图谱等技术辅助记者从多渠道收集和处理信息，提高记者和编辑的写作质量与效率，在2019年中国融媒体发展论坛上被授予"2019年度中国融媒体创新产品奖"。此外，川报全媒体还推出了集记者、编辑、新闻秘书等多重身份于一身的"大川机器人"，它自亮相以来也生产了大量新闻内容。

智媒体不单单指智能媒体，还指向"智慧媒体"和"智库媒体"。智慧媒体是在人机协同的前提和背景之下，将主流价值观植入算法逻辑，用人来解决机器还不能解决的事情，用人来纠正机器可能出现的偏差，以"智慧"补齐"智能"的短板，让技术和内容深度融合。智库媒体则主要指基于大数据、可视化、知识图谱等技术搭建的"数据＋舆情"的决策支持平台，川观智库、封面研究院都是川报集团建设智库媒体的重要抓手。[1]

---

[1] 信息来源：四川日报报业集团党委副书记、总编辑李鹏"智媒体：新物种进化论"讲座内容。

图7-2　"小封机器人"和"大川机器人"形象

资料来源：四川在线

2021年10月28日，封面传媒智媒云5.0云发布，智能应用已经成为川报集团的核心战略部署。智媒云5.0拥有"融媒技术、数字文博、内容科技、智慧营销、产教融合"5大核心矩阵、15个组成部分、42个关键节点、200余个功能模块。对外，智媒云5.0是封面传媒自主研发的多行业解决方案，对内则是科技赋能传媒、文化的创新引擎。[①]日趋成熟的智能技术正在深度赋能媒体融合。

（3）大数据应用

在建设智媒体的过程中，需要确定的首要战略便是数据驱动。数据驱动的核心是以数据带动两个方向的增长——数据驱动用户增长和数据驱动收入增长。在数据驱动用户增长层面，更加强调把用户拉新和留存看作最重要的指标。在数据驱动收入增长层面，数据驱动实际

---

① 封面新闻.封面传媒成立6周年智媒云5.0踏"云"而来 "科技+传媒+文化"生态体蜕变迎新［EB/OL］.2021［2022］. https://baijiahao.baidu.com/s?id=1714828755898403168&wfr=spider&for=pc.

上已经有了广阔空间。在数据驱动理念的引领下，川报集团不断探索用户数据运营、信息数据挖掘、生产数据存储、技术数据开发等方面的大数据运用。①川报集团在疫情期间所研发的云发布、云展览、云展馆，以及线上、线下互动的新型经营性产品，共同实现了线上、线下数据整合，助推经营收入增长。

川观新闻的MORE大数据工作室在疫情期间实现了对大数据的深层应用。MORE大数据工作室成立于2018年5月，主要有数据新闻、数据报告、数据榜单等重点业务（见图7-3），呈现出"数据采集分析+可视化交互呈现"的新型新闻生产与传播样态，是四川省内首个专注大数据产品生产的媒体平台，通过AE、3D等技术，已制作发布静态、动态、交互等形式的数据可视化作品和智库报告300余件，连续两年作为数据可视化示范案例入选《中国媒体融合发展报告》蓝皮书。疫情期间，通过每天发布数据日报表，记录地理位置信息，工作室

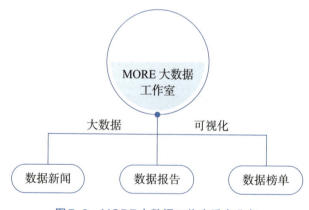

图7-3　MORE大数据工作室重点业务

① 信息来源：四川日报报业集团党委副书记、总编辑李鹏"智媒体：新物种进化论"讲座内容。

提升了用户留存和用户黏性。目前，MORE大数据工作室分别在高校、企业、商业机构三个领域形成了产学转化合作、深度战略合作、数据共享合作的多种合作模式，拥有了强大的数据类产品生产能力。[①]

7.2.2　内容创新

内容创新是媒体发展革新的内在自驱力。以新技术为载体，川报集团同步推进内容改革创新：一方面是坚守党媒定位，用技术赋能智慧党媒建设；另一方面是秉持年轻态的创作理念，链接当下年轻人喜欢的话语及其表现形式，将互联网传播规律充分运用到内容生产中。

（1）加强智慧党媒建设

在新技术层出不穷的时代，智慧党媒建设成为大势所趋。要提升党媒的影响力和号召力，需要在坚持主流价值引领的基础上，将新技术运用到内容创新当中，形成"新技术内容"，让技术充分赋能智慧党媒建设，对网民进行有效的舆论引导，向年轻人传输主流价值。川观新闻客户端在智慧党媒建设上进行了筹划和创新（见图7-4）。首先是将内容划分为"时政、热点、经济、社会、区域、文化、体育、视觉"八大板块，同时强调"首屏首页的思想评论力度、舆论监督热度、关键人群关注度、主体用户有用度、报道方式新鲜度、专栏专区更新强度、新鲜内容更新密度"七个衡量标准。其次，通过视频、直播、航拍、VR、AR、MR等新技术的应用，进一步提升内容的技术性、新颖性、灵活性，尤其是在保持自身文图生产专业优势和比较优势的

---

① 信息来源：四川日报全媒体集群MORE大数据工作室官网。

前提下，进军短视频及可视化内容生产领域，打造精品新闻短视频。除了传统意义上的图文和视频报道，一些手绘动画、漫画、H5、拼图等表达形式也让包括政策解读在内的信息传递有了崭新的呈现方式，增强了主流舆论的亲和力和感染力。①

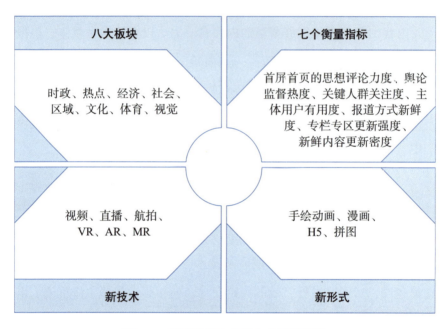

图7-4 川观新闻客户端内容创新举措

（2）联结主流化和年轻态

坚持内容主流化和年轻态相统一是让主流声音传得广、传得深，更好地引领舆论、凝聚人心的重要改革方向。2021年3月，三星堆新一轮考古发掘成果发布当日，川观新闻客户端推出创意融媒产品《我怎么这么好看》（见图7-5），作品采用改编歌曲、制作MV的形式，

① 李鹏.以智媒体为抓手 构建全媒体传播体系——四川日报报业集团探索媒体深度融合的创新实践［J］.新闻与写作，2020（12）：89-95.

融入动漫、电音等元素，把严肃的文博内容"掰开揉碎"，为用户带来耳目一新的审美感受和观看体验，成为"爆款"内容。融媒时代，主流媒体需要努力寻找各类重大主题报道和年轻文化之间的"最大公约数"，提高新媒体策划水平，让不同文化经由主流传播渠道渗透到更多圈层，影响更多群体。封面新闻打造的智慧云展厅，采用线上云展馆，线下融合屏、互动透明屏、体感摄像头等硬件，语音交互、动作捕捉与手势控制等交互形式，集纳智能写作、人脸识别、人脸融合、人像分割、3D建模等技术，形成集数字驱动、人工智能、沉浸互动体验为一体的融媒智慧平台，为观众带来听觉、视觉和触觉上的多重感官体验。①

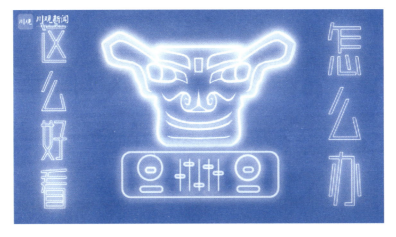

图7-5　川观新闻客户端创意融媒产品《我怎么这么好看》

7.2.3　管理创新

除了技术和内容上的创新，川报全媒体沿着"一支队伍、一个平

---

① 信息来源：访谈四川日报报业集团党委副书记、总编辑李鹏。

台、三大终端、全媒一体"的深度融合路径，创新完善了管理模式和组织体系。一方面，从管理层面整合资源，形成一体化运作，强化智能技术驱动下的绩效数据化考核模式运用；另一方面，积极建设全媒体人才队伍，主要体现在对一专多能尤其是数据挖掘和分析、视频生产和加工方面的人才培养，加快团队的数字化迭代。

（1）管理进化

从平台来看，川报集团原有的生产流程、单位壁垒逐渐被打破，取而代之的是一体化运作的新机制。四川日报、川观新闻、四川在线作为一体化平台，不再是彼此分割的独立单位，而是基于自身定位，在一体化发展格局下分别体现不同功能、承担不同责任的媒体新形态。其一，资源一体化。从传统的信息采集和渠道分享资源，到互联网环境下新的版面资源和人力资源分配，川报全媒体均进行了统筹优化，深度整合内容素材，实现"一次采集、多平台生产"的基础模式。其二，工作机制创新。机构内部主要依据"横纵"两个方向推行工作：纵向是按照职责分工的资源整合，横向是按照项目责任的资源打通。在此基础上有的放矢，把握日常工作和重点工作的双向平衡。其三，绩效考核机制改革。立足于传媒发展新态势，川报全媒体将考核导向转向以客户端为主，尤其关注互联网传播、移动端贡献等传播效果和发展成果方面的考量。针对重点产品还设立了"OKR+KPI"考核指标。考核的方式也有所不同，机器打分的数据化考核形式成为主要考核依据，人工矫正成为辅助形式。[①]综合来看，整个全媒体运

---

① 李鹏.以智媒体为抓手 构建全媒体传播体系——四川日报报业集团探索媒体深度融合的创新实践［J］.新闻与写作，2020（12）：89-95.

作机制以"平台一体化、流程一体化、考评一体化"作为核心导向。值得一提的是，川报集团设立了"技术十日谈"机制，每隔十天召开一次谈话，与会人员包括集团总编辑、各分管部门的集团副总编辑、封面技术委员会的全部委员、川观新闻的内容部门或其他业务部门、川报的技术团队。通过这一机制，集团媒体之间的技术需求讨论和任务派发变得更加顺畅，川观新闻的业务需求也可以和封面的技术团队直接进行商讨，以问题为导向对重点项目清单进行讨论。[①]

（2）团队迭代

川报集团全媒体人才队伍在融合转型路上正在向"内容+技术"人才转变。川报全媒体员工不仅要具备传统的内容生产能力，还要对人工智能、数据挖掘和分析、全息投影、可穿戴设备等前沿技术知识有基础性的认识和运用，在日常的内容生产、运营和管理中加以使用，提高工作效率，制作优良的新媒体产品。团队迭代并非朝夕就能完成的，仍然需要循序渐进。封面传媒最初组建技术团队时便经历了一个磨合阶段，在产品搭建和技术成本的双重难题下，投入大量人才却没有产出，削弱了技术团队前期的话语权。团队搭建完成以后，虽然整体在互联网领域素质较高，但很多人对于媒体业务不甚了解，早期团队做出的第一个版本和整体业务不契合，可用度差，内部评价也不好，之后通过转变理念，由总编辑直接带队，让所有的技术人才按照环节跑流程，2017年的封面蜂巢系统3.0版本才实现了基本可用。[②]立足于构建"技术+"的方向健全技术团队，川报集团始终朝着让

---

① 信息来源：访谈四川日报报业集团CTO黄云。

② 信息来源：访谈四川日报报业集团CTO黄云。

"技术+团队"成为最懂媒体的技术新型团队发力。

7.3　创新动力因素分析

7.3.1　技术驱动

媒体的深度融合要坚定不移贯彻先进技术为引领，重视技术在新闻传播领域起到的引领性和驱动性作用。川报集团转型发展高度重视新技术的应用，通过紧盯前沿技术、瞄准发展趋势、加强对相关新技术的前瞻性研究和应用，引领驱动融合发展。在平台建设上，川报集团的智媒生态平台建设和推广彰显了技术活力。2020年12月，川报全媒体倾力打造的"四川云"2.0版本正式对外发布，旨在构建"技术与内容共融、新闻与服务共生"的全新生态，"数据共享平台""智能融媒平台""社会治理平台"均为技术赋能下的智能平台。[①]2021年9月，川观新闻迭代升级，8.0版本正式上线，"主流媒体算法"引发关注。顾名思义，主流媒体算法就是以主流价值观为引领的算法技术，这是川观新闻自主研发的新算法，能够被深度运用于一整套新闻生产流程中，在传递主流价值观、实现用户导向、扩大主流媒体的影响力和传播力等方面发挥作用。[②]"技术+"的转型之路已经成为整个系统运作的重要逻辑。

---

① 姜明，王欢.走好全媒体时代群众路线　激活社会治理"智媒体"新动能——以四川日报全媒体为例［J］.新闻界，2021（12）：105-110.

② 张立东，黄云.主流价值驱驭算法的路径思考——以川观新闻创新推出的主流媒体算法为例［J］.青年记者，2021（21）：21-22.

图7-6 2021年川观新闻8.0迭代升级海报

资料来源：四川在线

7.3.2 自身定位

作为省级党报集团，川报集团立足于助推国家治理现代化的站位谋划未来发展，在国家政策和自身定位的双重引导下全新出发。首先是将新闻宣传和舆论引导融入国家治理环节中，落实"围绕中心，服务大局"的工作主线。四川日报《思想周刊》《人境周刊》等精品栏目输出了兼顾思想性和引领力的新闻作品，是主流舆论和正确思想导向的"风向标"和"定盘星"。在此基础上，川报集团将走好全媒体时代群众路线视为党媒建设的应有之义。川观新闻的民情热线、四川在线的问政四川、封面传媒的青椒社区等UGC、PGC的合作生产，助力川报集团在全媒体时代实现与群众的良好互动，践行媒体在群众路线方面的初心使命。除此之外，结合自身的角色定位，川报集团一方面通过自身的技术产品乃至技术产业，为四川省县级融媒体中心输出智媒体解决方案；另一方面把整个技术方案向行业的其他媒体整体输出，如黑龙江电视台、辽宁日报、海南网、兵团日报、扬子晚报等，获得了其他媒体的认可。①

7.3.3　人才自足

随着智能技术日趋成熟，队伍建设成为影响传媒行业发展的重要因素，也是驱动媒体融合不可或缺的动力。川报集团主要是自建技术团队，坚持自主技术创新，把媒体生产、传播领域里的核心技术掌握在自己团队手里。在诸多技术运用层面，川报集团已经储备了基本的团队，媒体转型的基础性技术和核心技术也是依靠自有的技术团队实现的。技术团队人才不仅能对技术问题做出反应，还深度融入内容、销售、运营等其他团体中，实现"技术人才+关键部门"的新型团队阵容。在封面新闻内部，存在"技术营销官、技术内容官、技术运营官、技术产品官、技术安全官"等重要职位，如总编辑和总经理分别担任首席技术内容官和首席技术营销官的角色。②组建独立自主的技术团队、实现核心技术的自主研发是智媒体建设过程中的两个核心特点，也是川报集团推进人才自足的重要考量。

7.3.4　文化加持

文化和精神是支撑川报集团转型的内在驱动力。一方面是"智媒"理念的深度植入和深化落实。在川报集团内部，员工的日常工作

---

① 信息来源：访谈四川日报报业集团CTO黄云。
② 王志中.智慧分发　智库赋能　智能生产——从几个典型案例看智媒体建设[J].新闻战线，2021（16）：85-89。

围绕"智媒"基因、"智媒"文化开展，逐渐形成了一种内部的文化塑造。正是在这样一种文化理念的驱动下，慢慢探索出系统化的、整体性的、持久性的发展路径。另一方面是川报集团在"快乐向上，充满力量"的文化氛围和"政治过硬、本领高强、求实创新、能打胜仗"的铁军精神引领下，以文化创新带动团队发展。不仅要创建思想和本领过硬的新时代川报铁军队伍，还要加强员工的自我赋能，实现从个人到团体的数字化迭代，以适应新时代的新挑战，形成全媒体一体化融合格局下的团队协同创新新风貌。

7.4 创新案例分析

7.4.1 四川云 2.0

（1）基本概况

2017年，四川日报全媒体首次提出四川云概念，启动建设"四川云·21183+N"融媒平台，通过四川云的整体布局赋能整个省市县三级社会治理。其中，"21"表示四川省的21个市州，"183"代表183个县，"N"类似于高校或者企业等机构。2020年12月28日，"善治新力量"媒体融合与社会治理天府论坛在成都召开。当天，由四川日报全媒体倾力打造的四川云2.0正式对外发布。

四川云2.0是一朵"科技+传媒+服务"的党媒云。2.0版本立足于人工智能时代，以构建"技术与内容共融、新闻与服务共生"的全新生态为目标，提供推动社会治理创新的全媒体解决方案。依托数据共享平台、智能融媒平台、社会治理平台三大矩阵，四川云2.0是四川日报全媒体党报、党端、党网、党云核心矩阵的重要组成部分，也是"智能编辑部"的中台，着力于赋能省域三级治理体系。

（2）核心理念

四川云2.0的核心理念是立足党的建设、夯实用户基础、强调一体化服务。首先是立足党建的基本定位。一方面继续提供联合各级政务服务中心、社区党群服务中心、大型企事业单位等共同打造的线上线下联动创新型学习项目，将党政思想贯穿其中，深化基层的思想改革；另一方面不断创新学习体验，推出新的学习体验模式，如AR、VR、有声图书馆等，让党政学习更有代入感，激发基层的学习活力和意愿。

在立足党建的基础上，夯实用户基础和提供一体化服务至关重要。四川云的省域治理协作平台将用户大数据视为重要资源，通过"信息资源平台、行为沉淀平台、智能触达平台"的数据挖掘与分析描摹用户画像，从而生产更具实际社会价值的用户产品，践行科学决策和创新发展。此外，针对传统的各级政府机关、县级融媒体、政务发布号存在的传播力不足及影响力有限等问题，"四川云·21183+N"融媒平台集合技术和内容资源，为省域三级治理体系提供一体化的新媒体产品制作、内容采编和分发等全流程的服务，进一步推动体系的整合裂变。①

（3）三大平台

四川云2.0推出了以数据共享、智能融媒、社会治理为重点的三

---

① 李鹏.科技强媒，以"智媒+"引领新型主流媒体建设［J］.新闻战线，2022（05）：5-7.

大平台，打造全省上下不同维度的同频共振（见图7-7）。数据共享平台是推动四川云良性运转的重要枢纽，智能融媒平台是推动主流媒体向智能传播跃进的关键密码，社会治理平台则是社会治理与服务的核心领地。三个平台协同共进，赋能省域三级治理体系。

首先，数据共享平台是全流程数据赋能系统整体性运作的操作路径。其主要由数据应用中心、公共资源中心、数据安全中心构成，实行"数据挖掘—数据沉淀—开发开放—汇集共享"的运作逻辑。其中既有针对数据的技术化运用，如党媒算法、数据分析云服务、新闻知识图谱，也有信息的开放共享与安全保护，如针对政府部门、城市行为、行业应用的数据共享库，以及数据安全风控和媒体的区块链存证系统。

其次，智能融媒平台是支撑四川日报全媒体转向"技术＋内容"的核心驱动。平台部署了三个大的板块——融媒联动中心、全媒运营中心、智媒编辑中心，新技术穿插其中，全方位赋能内容生产。从川观号、大川机器人、航拍四川，到活动运营、广告数字管理，整个新闻生产与发布的信息链条均有智能技术加持，实现了横向纵向的联通与连接，形成全省一体化的资讯发布。

最后，社会治理平台是四川云2.0对于社会治理的关切与回应。平台由智慧党建、智慧社区、川观智库、云上群众路线四个部分组成。如四川最大的网络问政理政平台——问政四川，历经9年的发展，截至2021年12月，全省累计有6500余个各级职能部门参与问政四川网民留言办理工作，实现21个市州183个县（市、区）全覆盖，全年网民留言量超7万件，职能部门年回复量达6.6万件，回复率达

94.29%，探索出"主流媒体+政务服务"的社会治理模式。[①]

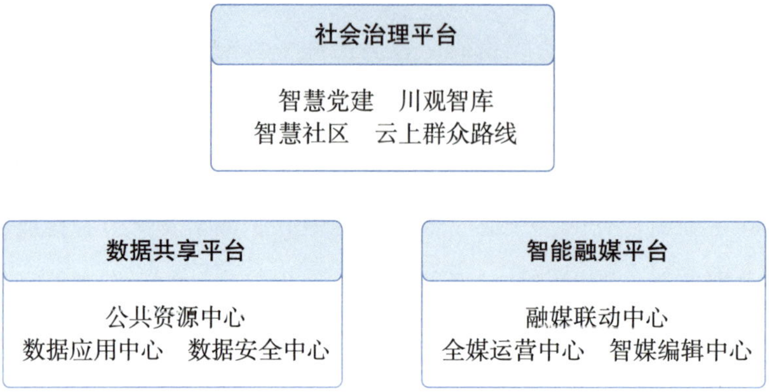

图7-7 四川云2.0三大平台

资料来源：川观新闻

7.4.2 川观智库

相较于其他智库，媒体智库具有较为特殊的性质。其一方面拥有强大的资源联结整合能力，可广泛凝聚政界、学界、商界等各方力量投入研究，进而形成更有针对性、更具操作性的智库成果；另一方面拥有成熟的传播平台和丰富的传播经验，可有效推广智库成果，促进对策建议落地落实见效。在国家建设新型智库的战略要求下，川报全媒体将智库建设作为智媒体的重要构成，强化数据驱动，以智能编辑部的先进技术为支撑，打造技术引领的川观新型智库，推动新型智库高质量服务省域治理现代化。

---

① 川观新闻.四川云2.0重磅发布！媒体融合与社会治理新平台"破圈"进化|善治新力量⑦［EB/OL］.2020［2022］.https://cbgc.scol.com.cn/news/584768.

（1）基本概况

川观智库于2022年3月25日正式成立，与四川日报、川观新闻、四川在线、四川云等一同构成川报全媒体核心架构。其内部运行采用"1+N"组织架构，"1"即川观智库发展研究中心，它是川观智库运转的驱动和引擎；"N"即川报全媒体各中心、部门牵头建立的若干智库单元。"思想＋技术"是川观智库独具特色的标签，在大数据技术团队运作下，思想与技术实现了跨界组合，共同为智库产品赋能。川观智库以"数"为核，强化数据驱动。在数据运用方面，建立并完善覆盖数据采集、特征抽取、建模分析和数据可视化产品流程，建设智库数据系统。系统涵盖用户数据、政务信息数据、企业发展数据、内容标签、智库图谱等数据，通过大数据智能化运营，形成数据资源汇聚、数据应用引领的数据智库和舆情产品。

（2）三大体系

缺乏专业研究人员团队和成体系的研究框架是大多数媒体智库面临的难题。川观智库在知晓自身优势与不足的基础上选择了以长补短，初步建立起由三大体系组成的研究咨询专业力量，在弥补人才短板和专业性不足的同时，进一步强化智库对新问题、新现象、新态势的快速响应能力和对重难点问题的攻坚能力。

三大体系涵盖顶尖学者、（特约）研究员、机构伙伴等群体。其一是由12位顶尖学者构成的顾问体系。他们是川观智库最高层级的专家团队，在川观智库战略发展方向把脉、重大政经课题研究、大型研讨活动推进等方面发挥关键作用。其二是研究员和特约研究员体系。该体系中有很大一部分人来自深耕各自报道领域多年的资深记者和编辑，了解社会现实问题，具有扎实的一线调研能力和一定的理论素养，是川观智库开展日常研究的主要依托。其三是合作伙伴和共建机构体系。这个体系中主要是和川观智库开展了多层次、多形式合作的机构伙伴，从共推课题调研到共建研究平台，他们是帮助川观智库拓展认知边界的重要"外脑"，也是川观智库涉足陌生领域、开展跨学科交叉研究的底气。三大体系相互作用、相互支撑，促进各方面信息流动，各方面智慧和资源聚集，共同为目标客户两难、多难的问题，提供建设性、可操作的解决思路和方案，创造多赢价值。[①]

（3）四类产品

川观智库探索与高校智库、社会智库等的差异化发展路径，以"问、探、参、论"四个系列构建智库产品体系，提供高质量智力服务（见图7-8）。"问"系列聚焦地方经济社会发展重大问题，面向全国采访100多位高水平专家，发挥智力支持作用；"探"系列聚焦地方、行业发展需求，与四川省政府办公厅联合开展常态化调研活动，输出调研报告，服务高质量发展；"参"系列聚焦通识信息参考，也为政府和企业的特定需求提供参考报告；"论"系列聚焦交流分享，策划举办各类研讨会、论坛、沙龙等，满足各级政府发展和治理需求。四个系列合力助推川观智库面向社会、面向实际的发展，让智力服务于各级政府、各行各业，满足高层治理与底层服务的需要。[②]

---

① 信息来源：访谈四川日报报业集团CTO黄云。

② 川观新闻.四川日报全媒体迎来新成员 川观智库正式成立［EB/OL］. 2022 ［2022］. https://mp.weixin.qq.com/s/f_sgXiGGe54i502PzZxaJw.

图7-8　川观智库四类产品

资料来源：四川在线

7.4.3　川观算法

（1）基本概况

智能传播时代，智能算法改变信息分发规则，虽然能够因人而异传播，但也易让人困于"信息茧房"。对此，川报全媒体智能编辑部把主流媒体算法作为智能驱动引擎，研发推出自主可控的川观算法。不同于商业平台算法，川观算法主要通过制定内容质量、内容认知、智能分发、传播效果等方面的算法规则，利用自然语言处理、知识图谱等技术，从算法架构、标签体系、应用场景等方面解决"信息茧房"问题，首创性地把主流价值融入"12235"共5层算法体系，实现"优质信息找人"，让智能算法与主流信息传播有机融合、相得益彰。[①]通过创新算法、驾驭算法、激活算法，加强新型主流媒体建设，强化主流价值和壮大主流舆论。

图7-9　川观算法整体架构

资料来源：川观新闻

（2）"12235"5层算法体系

"12235"5层算法体系指的是一个党媒知识图谱、两组标签体系、两个模型、三个引擎、五种算法能力（见图7-10）。

---

① 信息来源：访谈四川日报报业集团党委副书记、总编辑李鹏。

一个党媒知识图谱指的是川观算法以治国理政、党史构建知识图谱，研究基于知识图谱的治国理政内容识别和智能校对，基于知识图谱构建党史人物、时间、事件的精准检索与快速连接。

两组标签体系分别是用户标签体系和内容标签体系。前者关注用户的性别特征、行为特征、阅读兴趣等，在党媒推荐系统中构建科学的用户画像标签；后者关注内容特征，在党媒推荐系统中构建主流价值观标签，深度挖掘主流内容与用户潜在的关联，推送党史知识、治国理政实践、党政人物数据、民生政策等用户感兴趣的正能量内容。

两个模型指的是观点分析模型和效果评估模型。观点分析模型基于用户评论与观点数据，深化用户观点认知训练，提升党媒传播认知水平，为新闻决策提供依据；效果评估模型主要是动态监测传播对象、传播渠道等传播全链条的数据，精准传播热点事件和热点新闻，可视化呈现传播数据。

三个引擎主要是智能推荐引擎、智能搜索引擎、人机交互引擎。为"优质信息找人"提供技术保障，融合党媒业务场景，发挥专业优势，形成多场景分发、多算法融合的主流智能分发机制。

五种算法能力分别是热点挖掘算法、热点聚合算法、内容理解算法、内容风控算法和价值观判定算法。采用语义分析、内容聚类等先进自然语言处理技术，建立内容风控体系，从源头把控内容质量，打造全媒体时代优质内容入口。①

---

① 川观新闻.善治新力量②|首创五层算法体系　川观算法发布上线［EB/OL］.2021［2022］. https://cbgc.scol.com.cn/news/2634382.

基于5层算法体系，川观算法对内对外将带来全新价值赋能。在满足用户个性化需求的基础上，体现主流价值导向，推送符合用户兴趣的社会主义主流价值内容，寻求新技术条件下算法应用于主流舆论引导的突破。

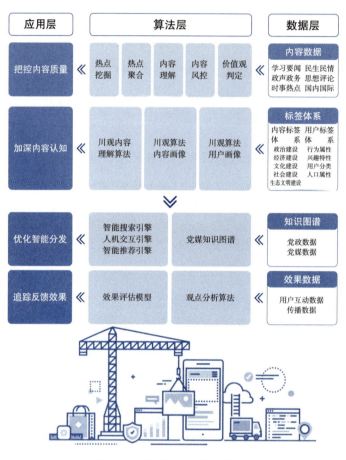

图7-10 "12235"5层算法体系

资料来源：川观新闻

7.4.4 封面传媒

（1）封面新闻

封面新闻所在的封面传媒公司正式成立于2015年10月28日，是国内第一家都市报——《华西都市报》转型升级后的融媒体生产平台。2016年5月4日，封面新闻客户端1.0版本上线，将传统媒体的内容优势和互联网公司的技术优势进行结合，逐步形成了"智能＋智慧＋智库"的智媒体平台，在上线不到一年的时间内就吸引超过600万用户下载，成为现象级的新媒体平台。封面新闻将先进技术作为核心驱动力，以原创引领内容创新，为年轻人提供正能量、年轻态、视频化的新闻产品。2018年首届中国新媒体年会上，封面新闻APP荣获了国内十大"最具影响力主流媒体新闻客户端"称号。

智媒生产是封面新闻的典型特征，在新闻业务全场景中得以体现。封面新闻打造的"封巢"内容生产操作系统，从线索发现、信息采集到稿件写作、流程审核、编辑把关，全流程实现智能化，生产效率大幅提高，且聚合了包括青蕉拍客和"小封"机器人在内的PGC、UGC、MGC多元生产力[①]。在编辑和审核方面，封面新闻联合华为成都研究院研发了基于人工智能的视频审核与剪辑技术。内容分发环节，封面新闻自主研发的主流媒体信息分发系统"封面推荐算法"，能够连通"报、网、端"，同时基于已有用户数据进行用户画像和社群关系挖掘，有针对性地为用户推荐新闻，实现"千人千面"的分发

---

① 董天策，朱思凝，余琪.技术变革引领媒体深度融合——封面新闻的创新实践路径［J］.新闻战线，2021（22）：43-46.

效果。在算法研发的过程中还加入了算法价值观的考量，以此把握正能量内容，强化主流价值观引导。

图7-11　青蕉拍客海报

资料来源：封面新闻

封面新闻凭借自身优势创作了许多"出圈"的产品。三星堆考古挖掘的现场报道中，封面新闻结合从现场获取的第一手素材制作"三星堆视频百科系列报道"，还通过虚拟引擎、三维技术进行了文物的数字化还原，搭配专业记者的采访，打造了"科技+传媒+技术"的爆款产品。此外，封面传媒的智能化产品还被广泛运用于城市的智慧化治理中。在政民互动方面，"云求助、云辟谣、云问政、云咨询"等板块成为重要渠道。①2020年全国两会期间，封面新闻推出《两会

---

① 崔燃.从全场景可视化新闻到数字文化产业［J］.传媒，2021（24）：19-21.

云访谈》栏目，三维实景建模、平面动画结合实景拍摄的立体虚拟场景令人眼前一亮。①云直播、云展览、云洽谈等智能场景的搭建更是为用户提供了沉浸式的全息体验。

（2）智媒云5.0

智媒云1.0到5.0经历了"孵化—升级—迭代—进化"的发展历程。2017年，"封巢"系统在封面新闻内部开始运行，用人工智能技术重构新闻信息生产与传播全流程的媒体，逐渐成为针对媒体内容、营销、运营、管理等一体化流程重构的全套智能解决方案，这是内向融合赋能的智媒云1.0阶段。2018年，智媒云迭代到外向拓展聚能的2.0阶段，实现技术输出。2019年，智媒云拓展了7大类、21个产品，形成"智能+"产品生态，基于"5G+大数据+人工智能"的新一代智媒体产品云平台布局完成。2020年1月，封面传媒"智媒云"3.0发布，通过数据驱动、算法重构，为媒体在视频传播、社群营销等领域强力赋能，实现从技术输出到媒体融合发展行业解决方案。2020年10月，"智媒云"进化到4.0版本，强化数据中台与业务中台的双中台建设，持续推进智能技术、智慧文博、内容科技、数字营销四大矩阵的研发升级，通过人工智能与未来媒体实验室的AI赋能、智媒云数据中心的数据赋能、智媒云服务与安全中心的云协作赋能，实施数据驱动首位战略，不断丰富智媒体多领域、市场化的应用场景，拓展"科技+传媒+文化"业务领域。②

2021年10月，封面传媒智媒云5.0正式对外发布。最新版的智媒云5.0

---

① 董天策，朱思凝，余琪.技术变革引领媒体深度融合——封面新闻的创新实践路径［J］.新闻战线，2021（22）：43-46.

② 信息来源：访谈四川日报报业集团党委副书记、总编辑李鹏.

围绕融媒技术、数字文博、内容科技、智慧营销、产教融合五大矩阵进行升级，打造泛内容、泛文化、泛媒介、泛传播的创新科技产品和一体化解决方案，拓宽"科技＋传媒＋文化"生态体的外延。除了赋能内容科技、智慧文博、数字营销等领域，智媒云5.0还将融入社会智能治理体系建设，建成全场景适配的传播引导和智能服务的智媒云平台，把标准化的智媒云服务和大数据产品放到云端平台，提供更丰富的云上智能服务，助力封面传媒构建引领人工智能时代的泛内容平台。[①]

图7-12　智媒云5.0五大矩阵

资料来源：封面新闻

7.5　社会影响与讨论

媒体融合走向深入，川报集团的融合发展也在不断与时俱进、改

---

① 封面新闻.智媒云5.0总体架构方案［EB/OL］. 2021［2022］. https://h5.thepage.cn/zmy5/plan.html.

革创新。川报集团的整体运作具体表现为三个方面：首先，以两大头部新媒体为牵引，全力打造川观新闻和封面新闻，使之在区域和全国具备较强头部效应。其次，深入打造六大平台——移动传播平台、理论宣传平台、科技创新平台、治理协作平台、国际传播平台、市场拓展平台。最后，分类建设四大媒体集群。川报全媒体集群深入打造一流新型主流媒体，构建以"四川日报、四川农村日报、川观新闻、四川在线、四川云、川观智库、四川国际传播中心"为核心架构的党媒生态体；封面传媒集群全面提升全国影响力和竞争力，以封面传媒和封面科技双品牌双引擎为引领，构建"科技+传媒+文化"生态体；期刊传媒集群建设新型期刊数字化传播矩阵，推动期刊传媒集群优化战略布局；行业传媒集群精准灵活打造全媒特色品牌，大力推动行业媒体加快迈向互联网主阵地。[①]

　　无论是从传播规律还是产业规律来看，川报集团都有着明确的市场定位、产品定位、受众定位，能够依托智能技术实现满足受众需求的转型发展。向内钻研技术、创新内容、迭代团队，向外输出技术、加强合作、积极探索。这也为传统主流媒体的转型提供了借鉴思路。首先，要明确自身定位，在国家政策和相关顶层设计的引导下找准发力点和融合路径。其次，要树立正确的融合观念，"一体化"发展旨在实现"我中有你，你中有我""我就是你，你就是我"，是从机构组织、内容生产全流程、队伍建设等方面推动技术、内容、管理等各个层面的相互融合。最后，要顺应时代发展趋势，充分利用技术驱动发展，积极从传统编辑部转向智能编辑部，让单一的

---

　　① 信息来源：访谈四川日报报业集团党委副书记、总编辑李鹏。

PGC生产模式走向多元生产，把笼统的非定向传播转变为精准的定向传播，将可视化的、在场感的信息呈现给受众。同时，打造精品内容，树立品牌价值，突出自身特色，这些都是在转型发展过程中需要探索和挖掘的。

当前，信息技术正在以一种"加速循环规则"向前进化和发展。大数据、云计算、人工智能、物联网、区块链加速推动世界变化，新的媒介技术进一步重塑信息传播格局。智能传播时代已经到来，信息传播的智能化将更加成熟，人机协同乃至人机融合正在成为现实。川报集团的转型体现了敏锐的时代嗅觉，同时发挥了自身能动性，这是地方媒体在创新与转型的过程中尤其需要重视的两个方面，既要从理论层面知道"怎么做"，也要从实践层面有"我要做"的决心。

人们常说，未来已来，然而挑战才刚刚开始。智媒体如何产生效能是新闻传播行业必须迈过的坎儿，比如机器写作如何更好地服务用户，AI重构采编流程如何实现全系统的智能化，主流媒体算法如何更好地将价值引领与兴趣阅读融合，AI如何更好地与营销相结合，AI如何更好地与人进行协作，主流媒体的体制如何引进、培养、留住高精尖的AI人才，这些问题都亟待破解。

参考文献

封面新闻.封面传媒成立6周年智媒云5.0踏"云"而来"科技＋传媒＋文化"生态体蜕变迎新［EB/OL］.2021［2022］. https://baijiahao.baidu.com/s?id=1714828755898403168&wfr=spider&for=pc.

李鹏.以智媒体为抓手　构建全媒体传播体系——四川日报报业集

团探索媒体深度融合的创新实践［J］.新闻与写作，2020（12）：89-95.

姜明，王欢.走好全媒体时代群众路线　激活社会治理"智媒体"新动能——以四川日报全媒体为例［J］.新闻界，2021（12）：105-110.

张立东，黄云.主流价值驾驭算法的路径思考——以川观新闻创新推出的主流媒体算法为例［J］.青年记者，2021（21）：21-22.

王志中.智慧分发　智库赋能　智能生产——从几个典型案例看智媒体建设［J］.新闻战线，2021（16）：85-89.

李鹏.科技强媒，以"智媒+"引领新型主流媒体建设［J］.新闻战线，2022（05）：5-7.

川观新闻.四川云2.0重磅发布！媒体融合与社会治理新平台"破圈"进化|善治新力量⑦［EB/OL］.2020［2022］. https://cbgc.scol.com.cn/news/584768.

川观新闻.四川日报全媒体迎来新成员　川观智库正式成立［EB/OL］.2022［2022］.https://mp.weixin.qq.com/s/f_sgXiGGe54i502PzZxaJw.

川观新闻.善治新力量②|首创五层算法体系　川观算法发布上线［EB/OL］.2021［2022］.https://cbgc.scol.com.cn/news/2634382.

董天策，朱思凝，余琪.技术变革引领媒体深度融合——封面新闻的创新实践路径［J］.新闻战线，2021（22）：43-46.

崔燃.从全场景可视化新闻到数字文化产业［J］.传媒，2021（24）：19-21.

封面新闻.智媒云5.0总体架构方案［EB/OL］.2021［2022］.https://h5.thepage.cn/zmy5/plan.html.

08

数可视：数据新闻的商业路径

林琦雯

作者简介：

林琦雯，清华大学新闻与传播学院硕士研究生，获中国人民大学新闻学院学士学位，韩国中央大学交换生。研究方向为媒介技术与社会变迁、跨文化传播。

　　大数据赋能数字经济，引发了媒体内容创作和生产机制的转变。媒介产业的高速发展催生了数据与内容的深度融合，因此数字技术已成为媒体行业备受关注的前沿话题。目前，国内已涌现出人民网、新华网、新浪新闻、搜狐新闻、财新传媒、澎湃新闻等高度专业化的数据新闻媒体。

　　2011年，数据新闻作为舶来品被引入中国，掀起了数据新闻热潮。搜狐新闻的"数字之道"被视为国内第一个数据新闻栏目。随后，2012年，人民网、财新传媒等媒体相继成立实验性质的团队，尝试打造数据新闻栏目，可谓中国数据新闻盛行的时期[①]。然而，数据新闻进入国内后仍处于发展初期，存在着许多不确定性。到了2017年，中国数据新闻遭遇了发展瓶颈，数据新闻创作产生了"疲劳感"。尤其是在数据新闻的市场背景下，资金流失导致媒体无法打造优质的数据新闻作品，而数据新闻能否作为商业产品为媒体带来盈利，前景尚不清晰。此外，媒体行业的规范在一定程度上限制了数据新闻的市场发展，因此借助第三方数据技术团队的转型势在必行。2016年，政府推动国家大数据产业

---

　　① 方洁，颜冬.全球视野下的"数据新闻"：理念与实践［J/OL］.国际新闻界，2013，35（6）：73–83. https://doi.org/10.13495/j.cnki.cjjc.2013.06.013.

的发展，中国工信部发布了《大数据产业发展规划（2016—2020年）》，重点实施国家大数据战略。北京数可视科技有限公司（Beijing Data Visualization Technology Ltd）创始人兼CEO黄志敏意识到数据赋能的重要性，开创了适用于中国的"新闻价值+数据价值"商业模式，这一商业模式将数据与新闻价值相结合，为媒体提供了新的商业机会。

8.1 数可视的创办与发展过程

数可视成立于2016年9月，作为中国数据产品服务的领军者，专注于数字经济、数据治理和数字沟通领域的服务。在推动中国数据新闻事业的发展过程中，数可视不仅注重数据技术的创新，还致力于数据新闻的商业化转型。数可视秉持着"数据可视化让生活更美好"（Data-Viz for better lives）的创办理念，坚信通过数据可视化可以为人们的生活带来积极的改变，也可以帮助人们更深入地了解现实世界中的问题和趋势。作为数据产品服务商，数可视为企业客户提供全面的数据可视化产品服务体系和解决方案，协助客户挖掘数据的价值，运用数据可视化产品进行传播，以提升企业的数据驱动决策和创新能力。除了产品和服务，数可视还热衷于培养具备数据分析和可视化技能的人才，并积极创建学界和业界的同行交流平台，促进学界、业界之间的交流与合作，以推动数据新闻领域的创新。

2017年，数可视创始人黄志敏发起了数可视教育公益基金，获得了腾讯、传媒梦工场和海量大数据的投资，这使得数可视成为腾讯数据可视化的内容服务商。紧接着，2018年数可视成为阿里云云市场服务商和滴滴数据可视化内容服务商，并在2019年组建了中央国家媒体业务线，其打造的国家形象传播专项系列产品荣获"中国新闻奖融合媒体传播大奖"。同年6月，数可视还自主研发了数据可视化图表工具——花火数图Hanabi在线数据短视频工具测试版，实现了零代码在线数据可视化。为了普及数据表达能力和培养应用型人才，数可视举办了中国数据内容大赛及中国数据内容大会。2020年1月，数可视组建疫情数据内容团队，所发表的数据可视化作品浏览量已超过亿次。2021年5月，数可视的环境议题报道入围亚洲出版协会（The Society of Publishers in Asia，简称SOPA）亚洲新闻奖卓越环境报道奖[①]。

数可视长期与政府机构、媒体、企事业单位开展商业与公益性质的合作，与人民日报、新华社、中央电视台、经济日报、腾讯、百度等各大媒体和平台合作推出大量数据新闻，并在不同平台和渠道上发表。与此同时，公司自有的数据平台开放了200多个内容、素材，供媒体、企事业单位使用，总访问量已超过亿万次。

在媒介融合过程中，作为第三方数据内容生产机构，数可视逐步发展了数据咨询、数据可视化工具和会员内容定制服务，并探索出一套成熟的商业模式。本章节将会围绕业务模式、数据服务、技术创新、人才培养等展开论述。

8.2 数可视的创新模式

数可视始终秉持消弭数据沟通鸿沟的愿景，不断探索数据新闻与数据可视化的商业突破。作为一家为客户提供一站式数据服务的机

---

① 信息来源：数可视官方网站。

构，数可视将内容、数据、设计和技术进行整合，为客户提供数据新闻选题、采写、设计和制作可视化等服务。同时，作为第三方技术团队，数可视普及可视化的数据表达方法，降低大数据技术的理解和应用门槛，最大限度提高工作效率和可信度。经过多年的市场化发展，数可视着重运营B端业务，并与主流媒体以及腾讯、阿里、百度、滴滴、快手和美团等互联网企业展开合作。针对C端业务，数可视研发了花火数图Hanabi在线数据短视频工具和EVA公司财务分析工具，解决客户在技术上所面临的困境。

图8-1 数可视的合作伙伴

资料来源：数可视官方网站

8.2.1 管理创新

在大数据时代，数据可视化技术受限的一个直接原因是缺乏复合型媒体人才。传统媒体缺乏可视化生产技术和人力资源，因此数可视坚信组建一支跨学科的数据管理团队，包括前端设计、后端开发、数据挖掘和分析等人才，可以实现数据产品的一体化运作。

（1）团队人才

在人员配置方面，数可视从最初只有3人的团队，扩充至拥有40多人的规模。该团队聚集了来自国内外高校的跨专业人才，涵盖项目经理、产品经理、前端/后端开发技术人员、设计师、数据科学家、内容合伙人等不同领域的专家。每个项目都需要各部门相互协作、共同完成。在招聘标准上，数可视注重应聘者的数据感知力，更看重数据实践经验而非学历。对数可视而言，拥有丰富的数据新闻实践经验和雄厚的业界合作资源是构建优质数据团队的核心要素[①]。

就招聘类型而言，数可视根据公司的业务定位选择结果导向的应用型人才。这类人才喜欢与数字打交道，具备严密的逻辑思维能力。数可视青睐这些人才的原因在于他们能够运用数据进行解释和说明，从而提高与开发技术人员沟通的效率，实现预期的功能效果[②]。可见，数可视致力于建立一个多元化且协作紧密的团队，以此不断提升团队的整体实力和创造力，为客户提供卓越的数据新闻产品和服务。

（2）生产流程

在生产流程方面，数可视内部采用项目制。首先，与B端客户明确项目需求，然后与负责内容的部门同事确定选题方向。接着，根据选题方向收集资料、撰写文案，随后制作脚本、设计画面和开发动画。最后，向B端客户验收成果后，将项目落地实施。在与媒体的合作过程中，双方共同商讨、确定选题方向和数据来源。B端的媒体人员负责判断新闻内容、把关新闻质量；数可视团队负责数据的整合、开发与设计，最终形成报道。为提高数据产品的高效生产，数可视团队不仅使用花火数图Hanabi在线数据短视频工具进行数据内容生产，还引入了人机交互技术，使数据新闻生产流程标准化，从而降低时间

---

① 信息来源：访谈数可视创始人兼CEO黄志敏。
② 信息来源：黄志敏在清华大学新闻与传播学院的讲座会。

和金钱成本。此外，为了追求新闻的时效性，定制化的数据新闻需要17人完成，并且只能在一天内完成生产。然而，团队统一使用定制化的设计模板，通过模块化量产可以将生产视频的时间缩短到3个小时以内。这种方法不仅有效保证了数据生产的时效性，还减少了设计环节所需的时间和精力消耗。

8.2.2　业务创新

数可视对数据的应用主要涵盖两个方面：一是辅助新闻生产，拓展新闻的内涵；二是从业务驱动转向数据驱动，为客户提供个性化的数据解决方案[①]。因此，数可视的目标是为数据可视化技术找到合适的商业模式路径，并且提供一系列面向B端和C端的数据内容创意生产、可视化技术、数据咨询和数据营销等服务来实现盈利。例如，数可视曾为苹果发布会进行可视化传播。

此外，数可视还致力于为各行业的专业人士搭建交流平台。2020年，数可视首次在中国举办了数据内容大会，旨在探讨数据内容的产业化。该大会邀请了业界和学界专家共同探讨数据内容与可视化叙事发展、人才培养以及国际交流等议题。大会主要围绕当前数据可视化技术的实践动态展开交流。数可视综述会议成果并发表《2020中国数据内容发展报告》，明确了数据内容的含义和范畴，并对数据内容未来的发展趋势和挑战进行了预测。

---

① 邹莹.让数据具有产品力服务力［J］.青年记者，2018（28）：24-25.

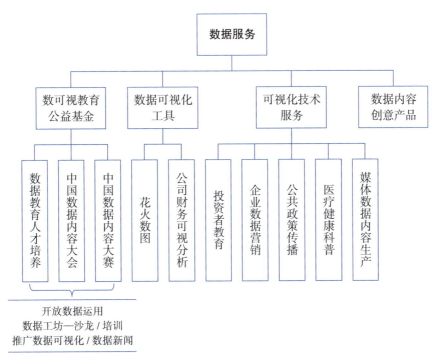

图8-2　数可视数据服务结构

（1）数据赋能服务

数可视主要的商业模式是作为第三方团队参与政府机构、企业和媒体的数据内容生产，提供数据可视化工具、可视化技术和数据内容创意产品服务，以提升内容生产智能化和数据传播的审美[①]。数可视提供的数据赋能服务涵盖六个板块——企业数据营销、公共政策传播、医疗健康科普、媒体数据内容生产、投资者教育和数据营销人才。其中，在企业数据营销（Data Marketing）方面，数可视为LinkedIn提供数据可视化支持，联合撰写《中国B2B品牌全球化营销白皮书》，

---

① 吴小坤，纪晓玉，全凌辉.数据新闻市场价值与商业模式侧描——基于国内7家数据新闻媒体负责人的访谈［J］.当代传播，2019（5）：14-19.

以此吸引目标投资者和合作伙伴通过品牌传播实现业务增长。对于公共政策传播（Public Policy Communication），数可视根据公共政策议题制定传播方案，依据目标人群特征展开调研，并通过数据可视化形式展示成果。此外，数可视也重视医疗健康传播（Healthcare Marketing），将各种疾病相关的知识转化为易于理解的可视化图表，向大众进行科普宣传。通过视觉化的方式，可以更直观地了解各种疾病的信息，提高大众对健康问题的认识和预防意识。在媒体数据内容生产（Data-journalism Production Packages）方面，数可视为媒体提供全方位的支持，帮助媒体制作适用于不同发布场景的数据新闻产品，如H5交互页等。数可视团队评估和梳理媒体资料的数据，并通过优化数据库、嵌入数据内容自动生产程序与可视化工具，为媒体提供高效的数据新闻生产解决方案。此外，数可视还优化标签系统，实现自动推荐选题和筛选数据，并支持内嵌程序自动监控多平台的传播效果。通过这些服务，数可视为媒体提供了一站式的数据新闻生产工具和解决方案，使媒体能够便捷地利用数据资源，生产出高质量、适用于不同平台和场景的数据新闻产品。这有助于提升媒体的竞争力，并且为读者提供互动性强的数据新闻阅读体验。

（2）社会公益项目

为推动中国数据可视化的发展，数可视教育公益基金推出了一系列面向业界与学界的社会公益项目。这些项目包括讲座、培训、研讨会、数据新闻大赛，并开设了中国大学MOOC线上数据课程，旨在发掘、培养潜在的数据新闻人才，填补高校资源的空缺。2022年，数可视公益基金向花火数图"助力数据内容人才生态"公益计划提供了1000万元人民币的资助，为100所高校免费提供花火数图教育版服务。

除了高校师生，数可视还为1000位媒体人和自媒体开通了为期一年的账号免费使用权限。数可视公益基金利用自身的力量推动高校数据分析教育信息化的发展，为培养数据内容创作人才提供支持[①]。

为了消弭数字鸿沟，数可视公益基金推出了"数据工坊"沙龙培训，旨在培养业界与学界的数据技术骨干，促进对数据可视化的认知和应用。在学界方面，数可视长期与国内多所高校合作开展沙龙培训。例如，曾在北京大学汇丰商学院举办数字媒介研修班，吸引了来自各界的从业人员与数据可视化爱好者。早在2016年，数可视就着手举办高校数据新闻教学工作坊，以培训高校数据新闻教师；随后，数可视联合中国人民大学举办了第一届数据工坊"数明时代"，由专业的数据新闻老师提供指导和帮助，培养新闻学院学生运用数据的力量，改变传统新闻写作观念。

在业界方面，数可视与行动派合办媒体沙龙"让新闻没有难搞的数据：从0到1数据新闻工作坊"，还在中央广播电视总台开办第二届数据工坊，邀请深耕数据新闻领域的专家指导媒体从业者如何挖掘和应用新闻数据，生成数据新闻并应用于媒体传播。课程内容涵盖选题指导、数据分析、信息设计、文案叙事、可视化开发，指导学员们在5天内完成一部成熟的数据新闻作品。同时，数可视也关注到女性在数据分析岗位人数上涨的趋势，于是在2022年举办了"技术驱动媒体智能：短视频时代的数据可视化　女性菁英数据工作坊"，汇聚了媒体、教育、互联网内容行业的女性从业者，提升她们的职场竞争力。

---

① 信息来源：数据内容大会微信公众号。

除了数据沙龙培训，数可视公益基金还举办了"中国数据内容年度案例征集"（前身为中国数据内容大赛）和"中国数据可视化创作大赛"，通过这两项活动发掘优秀的数据新闻作品，并为创作者提供奖励和作品展示机会。其中，"中国数据内容年度案例征集"是中国数据内容领域具有代表性的专业评审活动，旨在探索数据可视化产业发展的新生态，深度挖掘数据叙事的价值。通过设计驱动创新融合，推动数据叙事和数据沟通领域的作品、产品和应用创新。总而言之，年度案例征集活动的目标是推进数据可视化产业的发展，加强数字沟通与数据治理。2022年的"中国数据内容年度案例征集"（China Data Content of the Year 2022）收到了703组选手的投稿，共计655份作品。最终，评审从六个专业类别中评选出25份年度案例与31份提名案例，还有6份公众关注议题年度案例、2个评审团特别关注的优秀个人和团队、20个公益责任类最佳组织机构和3个公益责任类最佳数据服务机构的奖项。为了鼓励大众关注社会议题背后的真实故事，这届征集活动特别设置了"女性发展"和"数说体育"两大主题，用数据新闻形式展示当前社会议题[①]。

另外，"中国数据可视化创作大赛"则是国内数据新闻领域具有影响力的专业竞赛。该竞赛由中国新闻史学会计算传播学研究委员会指导，旨在促进政府机构、企业和媒体在数据可视化技术上的沟通，并搭建高校人才与业界交流的平台。除了竞赛活动，腾讯新闻与数可视还长期合作，共同推出数据新闻创作平台"知数"，希望通过数据

---

① 信息来源：澎湃新闻.数据叙事＋设计创新＝? 2022中国数据内容年度案例出炉，澎湃联合主办［EB/OL］.2022［2022］.https://www.thepaper.cn/newsDetail_forward 21179706?commTag=true.

讲述故事，以理性的方式探索真相。每月，腾讯新闻和数可视组织专业评委评选出优秀的数据作品，鼓励各领域的数据新闻创作者尝试将新闻热点应用于数据作品，共同创造国内的数据新闻生态圈。此外，《数读视频》是数据可视化视频栏目，借助腾讯新闻的渠道优势，接收数据创作者的作品投稿，并给予创作者丰厚的稿酬。这一举措旨在吸引更多优秀的数据新闻创作者加入其中，创作出更多优质的数据新闻作品。

8.2.3　技术创新

数据可视化在数据新闻表达中扮演着重要角色。它将数据与传统新闻报道相结合，以可视化的方式展示新闻的全貌，实现数据新闻与传统新闻的相互促进[①]。数据新闻的生产不仅要实现传统新闻报道的价值，还应充分利用数据采集、分析和可视化技术，使新闻内容的丰富性和多样性得到延展。大数据、低代码和零代码发展，技术门槛的降低，使得内容、设计和技术的融合日益增强，从而提高了稿件生产流程的效率。

数可视提倡以产品思维进行数据新闻创作，从初期选题到产品设计需要考虑传播的维度，以及设计概念与数据的匹配程度[②]。为此，数可视成立了一支由十多人组成的产品团队，自主研发了花火数图Hanabi在线数据短视频工具，并在开发数据库、人工智能和可视化引擎接口等方面投入了大量时间和精力。花火数图Hanabi在线数据短

---

① 信息来源：全媒派微信公众号。
② 黄志敏.什么是优秀的数据新闻［J/OL］.新闻记者，2019（3）：13–14. https://doi.org/10.16057/j.cnki.31–1171/g2.2019.03.005.

视频工具支持多线性数据挖掘、分析和设计功能，满足各类可视化需求。通过生成多样化的动态可视化图表，提升了数据阅读的效率，降低了数据传播的门槛。花火数图Hanabi在线数据短视频工具的诞生使得技术、设计、开发、资金等方面受限的用户能够根据不同的内容场景和分发渠道，产出高质量的数据可视化产品。不仅如此，花火数图Hanabi在线数据短视频工具还作为中国数据内容年度案例（Data Content of the Year）中的一款可视化制作工具，向广大用户开放，并且使用过程完全免费。

数可视研发的这款工具操作便捷，对零基础的数据可视化用户而言，可以高效制作专业性的可视化图表。用户可以根据不同的内容场景和数据内容选择合适的图表类型、样式和配色，从而快速地制作出精美的可视化作品。在数据编辑页面，用户可以输入数据或上传Excel数据表、TXT文件，然后选择多种适用于不同发布渠道的图表主题模板。同时，用户也可以导出PNG、JPG、SVG等多种文件格式，便于分享和观看。该工具允许用户根据自身需求进行定制，以满足用户不同的可视化需求。在制作数据图表的过程中，工具提供了操作实例，帮助用户更好地理解和应用数据分析的复杂操作原理。这样一来，即使是没有技术基础的用户也能够轻松地创建专业性的可视化图表。

8.3 创新动力因素分析

随着内容消费方式的多样化，图文信息可视化向视频化转变已成为资讯生态圈的常态。"短视频＋知识传播"模式是目前最受欢迎的内容观看方式。早在2018年，数可视就把目光聚焦在新闻视频上，并推出了一系列与社会热点紧密相关的解析性视频内容。在当时，黄志敏所关注的数据新闻商业化转型在国内仍处于发展初期，正在等待时机成熟。然而，政府颁布的政策在这个时刻成为推动数据新闻商业化前进的转折点。数可视的创办使得黄志敏及其团队能够为市场客户提供更加灵活多样的数据可视化内容服务，例如举办"数据工坊"系列沙龙活动，助力企业进行数字化转型。以下将从国家政策颁布和企业的领导者远见、技术革新、市场机遇与用户行为等方面阐述数可视的创新动力因素。

8.3.1 政策与企业领导者远见

2013年，黄志敏担任财新传媒的首席技术官（CTO），建立了国内首支数据新闻团队，开始探索运用数据可视化方式制作新闻内容。这一创新举动引起广泛关注，并迅速获得了多个国际奖项的认可。他的团队共四次荣获"亚洲卓越新闻奖"，同时也获得了"全球最佳数据新闻网站"和"凯度信息之美设计比赛"的提名。

对于当时已有十多年新闻从业经验的黄志敏来说，优秀的数据新闻作品应该具备新闻价值。新闻的关注点之一是聚焦那些能够打动人心的社会故事，而数据赋能则是媒体从业者不断追求的新传播技术。他意识到数据新闻与可视化技术在市场的火热程度。首先，数据新闻并不是媒体的核心业务，在媒体内部得不到足够的重视。数据新闻制作是一个需要多人协作、持续性投入和产出的过程，而国内的许多机构只是临时组建数据新闻团队，以追求热点为动机。其次，媒体环境因素也影响着数据新闻的发展。受限于职业身份和行业规则，数据新闻缺乏灵活性，限制了媒体开拓数据业务的可塑性，使得媒体内部的数据新闻项目盈利性较低。

数可视的领导层主要由媒体从业者组成，他们知晓新闻选题策划的重要性，并将新闻价值和社会意义作为衡量报道价值的标准。数可视与新华国际曾合作过"川航备降"新闻项目，该项目严格遵守新闻生产规范，确保新闻质量，与数可视创作数据新闻理念一致——自始至终以新闻价值为目的。此外，数可视的领导层深知只有将新闻的"真实"和"准确"要素融入数据新闻作品中，才能树立公司的品牌公信力，吸引更多的广告合作机会，并从中获得盈利。

8.3.2　技术革新

目前，人类正生活在智能化的IT3.0时代，数据已成为人工智能技术发展的基础，彻底改变了新闻内容的生产模式[①]。数据新闻的核心在于数据可视化，经历了从最初的图表新闻、计算机辅助新闻，到融媒体报道，再到如今的数据新闻（也称为"数据驱动的报道"）的发展过程。这促使新闻从业者必须掌握数据采集、清洗、分析和表达等技术能力[②]。同时，随着人工智能为内容生产提供动力，多年前就已经出现了能够自动化生成体育赛事和财经新闻稿件的写稿机器人技术。这清楚地表明，在数据新闻的数据处理和设计交互过程中，人机交互技术扮演着关键角色，它是解决数据沟通问题和生成数据内容的核心技术。

---

① 陈虹，秦静.数据新闻的历史、现状与发展趋势［J/OL］.编辑之友，2016（1）：69–75.https://doi.org/10.13786/j.cnki.cn14–1066/g2.2016.01.014.

② 章戈浩.作为开放新闻的数据新闻——英国《卫报》的数据新闻实践［J/OL］.新闻记者，2013（6）：7–13. https://doi.org/10.16057/j.cnki.31–1171/g2.2013.06.006.

在新闻传播领域，数据内容的应用正以全方位、多角度和深层次的方式渗透到新闻生产流程中。数据可视化的新闻叙事手法增强了调查性报道和解释性报道在传播事实的完整性、深刻性和普适性方面的作用，因此数据新闻的业务模式催生了在线数据可视化工具的广泛应用。在这方面，数可视的技术研发团队开发了花火数图Hanabi在线数据短视频工具，通过多线性的数据挖掘、分析和设计功能，满足各类可视化需求。该在线工具能够零代码在线生成80多种图表模板和20多种动态模板，并在最新版本新增一键生成数据视频的功能，从而改变了以往新闻视频的制作模式。这一创新背后的基本原理是运用计算机图形学和图像处理技术，将数据转化为图形呈现在显示屏（屏幕）上，并结合视觉交互与人机交互技术，提供更好的用户体验。

花火数图Hanabi在线数据短视频工具的技术创新功能主要体现在两个方面。首先，人机交互技术能够处理海量数据，多样化的交互模板使数据可视化走向了场景化和个人化，有效解决了在制作数据新闻时技术和人力不足的问题。例如，数可视团队在制作数据可视化作品时都使用花火数图Hanabi在线数据短视频工具，极大地缩短了制作数据新闻所需的时间。其次，该工具通过零代码在线制作数据可视化的功能，将复杂难懂的数据以清晰易懂的视觉方式呈现给公众，从而降低了公众进入数据世界的门槛。这样的技术创新举措使得公众能够更轻松地理解和掌握数据信息，促进了数据传播和共享的广泛应用。

8.3.3 市场机遇与用户行为

在大数据时代，内容行业的生产模式与消费者使用习惯发生了巨大的变化。在全媒体的推动下，视频成为一种被广泛采用的传播形式，特别是具有互动特性的短视频，给受众带来强烈的参与感和临近感，使其成为媒介融合转型中的一个重要方向。此外，在商业化、市场化和流量变现等驱动因素的作用下，生产者与消费者发生角色转变，消费者逐渐掌握了更多的话语权。注意力经济推动短视频成为新闻内容呈现的主流趋势之一，短视频的界面交互功能逐渐重塑了用户的媒体消费习惯。

在主流媒体内部，团队规模和技术资源有限，因此传统媒体不得不进行转型。他们借助外包团队成熟的数据挖掘、分析处理技术，重塑和升级新闻信息的生产和传播模式。尤其是人工智能为内容生产赋予了力量，使得短视频制作的门槛和成本进一步降低，UGC模式让全民都能拥有自我表达和社会参与的机会。

数可视充分认识到当前用户行为的变化，更加关注数据内容产品的互动性。为此，数可视通过对"图文内容""交互网页（H5）""视频"在表现力、互动性、生产门槛、传播、需求和成本六个维度的分析，发现H5页具有较强的表现力和互动性，可以综合文字、声音、图片、视频等多种形式，让用户在页面上进行交互操作以详细浏览内容。然而，H5页在多终端传播方面的优势远不及视频。视频的移动化和碎片化特征让越来越多的各年龄层用户习惯通过视频获取热点事件，其中46—55岁年龄段占7.7%，36岁以上占31%，26岁以上占50.6%[①]。因此，在内容产业化的发展方向上，数可视将可视化呈现方式转向视频，并将数据内容应用于知识传播，使其成为数据内容的首个商业应用场景。在形式上，数可视主推配有1200字解说旁白的5分

---

① 艾瑞咨询发布《2020年中国资讯短视频市场洞察报告》中用户画像基础属性。

钟视频，这种形式的短视频最适用于解释性内容，同时能向用户传播高质量的内容。此外，采用视频形式向用户传递数据新闻是促使数据新闻向下沉市场拓展的重要途径。

8.4 创新案例分析

在数据新闻的生产模式和视觉内容呈现方面，数可视充分考虑了各种高成本的交互方式，例如 H5 交互页、短视频、信息图、漫画、可视化大屏和会展应用等，并侧重掌控可视化技术、成本预算、内容盈利。通过引入第三方技术团队，数可视缓解了媒体在资源方面的压力，使其能更加专注于内容生产，深入挖掘数据背后的故事[①]。在这一过程中，数据开放的环境氛围对媒体和企业在数据检索、下载、开发和应用方面产生了影响。为此，作为可视化市场的服务商，数可视搭建了自己的数据库，并向广大用户开放使用。

8.4.1 "数说脱贫：这个世界难题为何中国能破解"

公共政策的传播机制主要侧重于媒体对国家政策的解读，旨在增强公众对政策概况和成果的理解。在 2020 年，数可视为《经济日报》提供了可视化支持，并推出了"数说 70 年"系列数据新闻作品。这一系列公共议题作品包括"数说经济：我们的生活'热'起来了""中国消费的速度与激情""中国外贸修炼记""中国大动脉带你玩穿越"等。通过第三方技术团队进行数据挖掘、分析和可视化呈现，是利用

---

① 邹莹.让数据具有产品力服务力［J］.青年记者，2018（28）：24-25.

数据可视化为媒体转型助力的典型案例。

其中，"数说脱贫：这个世界难题为何中国能破解"主要运用数据可视化技术讲述了中国从2014年至2019年的脱贫攻坚历程。该作品以交互性强的H5页集中聚合国家统计局、世界银行、中国农村贫困监测报告和中国扶贫开发年鉴等海量数据。主题板块包括2012年至2019年中国脱贫攻坚人数、中国对全球减贫贡献率、2014年至2019年参与脱贫攻坚战的290多万名干部、扶贫资金的来源和花费等内容。如图8-3所示，以交互性叶瓣图的形态呈现了2010—2018年《中国扶贫开发年鉴》中数百条精准扶贫的措施，并将其细分为政策保障、专项扶贫、社会扶贫、行业扶贫和国际合作五类内容。从传播模式的角度来看，灵活的H5页在移动端具备显著的传播优势。它通过数据可视化揭示脱贫事迹，并辅以文字说明，能够更加生动、直观地展现信息的全貌。

图8-3 "数说脱贫"H5交互页

8.4.2 数据服务：搭建数据库

国家信息中心发布了《2021年中国网络媒体发展报告》，指出网络媒体正在朝着"更科技、更开放、更实效"的方向发展。其中，"更开放"体现在构建开放性平台与提供高质量的定制化内容，通过深度整合生态链逐步向用户开放。数据库的建设对媒体从业者而言至关重要，它有助于媒体从业者快速、准确、详细地获取和查询数据，以呈现新闻事件的全貌。

与国外的数据开放环境相比，国内的数据主要由政府和企业掌控。在数据开放尚未完善的情况下，媒体投入资金搭建数据库的现实性还有待商榷，而且由媒体从业者提供数据服务可能会偏离数据新闻的初衷。这一契机促使媒体与企业进行资源互换，媒体可以从数据库中获取大量一手数据，以保障信息传播的真实性和客观性。除了向媒体和企业提供数据服务，数可视还向广大用户开放数据库使用权限。例如，中国数据可视化创作大赛为参赛选手免费开放多个数据库，方便进行数据检索和下载。

为了应对数据开放环境的挑战，数可视独创了EVA公司财务可视化分析工具（Earnings Visualization Analysis Toolkit），持续挖掘数据资源并实现智能化利用，为财政技术解决方案提供支持，并高效解读财务报表。EVA公司财务可视化分析工具可以满足用户的商务需求，使用对象包括公司高管、财务工作者和投资者；采用专业的数据分析模型，通过多模态图形展现财报的动态。目标客户可以在线制作公司财务报表，选择与财务特征相匹配的数据分析模型绘制可视化图表，从而直观、快捷地抓住财报的核心内容，准确分析公司的财务健康状况，提高公司财务管理能力[①]。

8.5　社会影响与讨论

如今，数据叙事已成为各行各业人才必备的能力，而数据可视化更是媒体转型的关键[②]。在如何让数据作品更频繁地走进大众视野这一议题上，数可视首先探索的路径是开设一系列面向学界、业界的零基础数据工作坊，以激发大众对数据分析的热忱。在企业数字化转型面临挑战的最后一公里中，数据素养、数据分析技能和思维应成为每个人的基本能力，尤其是将海量数据转化为易于理解的内容的能力。数可视响应国家政策的号召，定期邀请业界权威专家参加沙龙会，共同探讨数据应用和数据可视化的前沿趋势；助力企业数字化转型，将多维度的数据融合到不同的业务场景中，实现业务升级，并逐步迈向数字智能化发展。

其次，培养数据理解能力是进入数据可视化领域的基本功。在数据能力中，对表格进行简单处理被视为重要的一环。自创办以来，数可视多次举办与数据内容相关的竞赛和培训。例如，数可视教育公益基金每年都会筹集和捐赠活动资金，用于推广数据可视化，并将数据叙事应用于高校和媒体的教学培训实践中[③]。由于数据新闻强调量化研

---

① 信息来源：数可视 EVA 公司财务可视分析工具官网。

② 黄志敏，苏琳. 数据赋能，为媒体转型助力［J/OL］.青年记者，2018（28）：22–24. https://doi.org/10.15997/j.cnki.qnjz.2018.28.013.

③ "数可视教育公益基金"通过提供高校和机构培训、讲座等方式促进数据教育发展，提升社会管理和公共服务效率。资助开放数据与数据运用、数据可视化与数据新闻的教学和人才培养。

究技能，进阶版数据可视化工具如Tableau、Echarts、Python、R语言、Javascript并不适合零基础或没有技术团队辅助的用户。因此，数可视开发了零基础在线可视化工具，降低了数据可视化门槛，鼓励大众创作数据产品，用"数据"来表达观点。

纵观数可视的业务发展，数可视对数据新闻的发展前景持乐观态度，将数据新闻和可视化内容转化为商业产品，服务于政府机构、媒体、商业机构和公众，让数据可视化技术贴近普罗大众。例如，花火数图Hanabi在线数据短视频工具，采用会员付费制，提供基础会员、图文会员、视频会员、专业会员等级体系。这不仅是数可视实现盈利的途径，也是为大众提供零基础制作数据新闻的工具，从而实现公益和收益的双赢局面。最后，让我们回归新闻的本质。数据新闻应更加强调其新闻属性，并遵循数据伦理原则，确保数据脱敏、个人隐私保护。数据新闻创作者应立足于新闻价值伦理基础，结合新闻传播规律和产业规律，开拓独树一帜的数据内容服务；在打造满足客户需求的数据产品的同时，也要融合自身的数据分析特色和可视化风格，竭力在商业化探索道路上将"新闻价值＋数据价值"发挥到最大化。

参考文献

方洁，颜冬.全球视野下的"数据新闻"：理念与实践［J/OL］.国际新闻界，2013，35（6）：73–83.https://doi.org/10.13495/j.cnki.cjjc.2013.06.013

吴小坤，纪晓玉，全凌辉.数据新闻市场价值与商业模式侧描——基于国内7家数据新闻媒体负责人的访谈［J］.当代传播，2019（5）：

14–19.

邹莹.让数据具有产品力服务力［J］.青年记者，2018（28）：24–25.

黄志敏.什么是优秀的数据新闻［J/OL］.新闻记者，2019（3）：13–14.https://doi.org/10.16057/j.cnki.31–1171/g2.2019.03.005.

陈虹，秦静.数据新闻的历史、现状与发展趋势［J/OL］.编辑之友，2016（1）：69–75. https://doi.org/10.13786/j.cnki.cn14–1066/g2.2016.01.014.

章戈浩.作为开放新闻的数据新闻——英国《卫报》的数据新闻实践［J/OL］.新闻记者，2013（6）：7–13.https://doi.org/10.16057/j.cnki.31–1171/g2.2013.06.006.

黄志敏，苏琳.数据赋能，为媒体转型助力［J/OL］.青年记者，2018（28）：22–24. https://doi.org/10.15997/j.cnki.qnjz.2018.28.013.

作者简介：

郝洁，现任清华大学经济管理学院创新创业与战略系讲师。2003年于莫纳什大学获得文学学士学位，2004年和2009年于悉尼大学先后获得社会科学硕士和哲学硕士学位，并于2013年完成悉尼大学与清华大学联合博士培养项目获得悉尼大学博士学位。郝洁长期为本科生、研究生、MBA和高级商务管理者讲授"沟通基础"、"管理沟通"以及"商务整合实践"课程。研究领域包括国际人才吸引与培养、海归创业就业、新时代下的多元人才创新发展模式、女性职业成长，以及家族企业传承。

9.1 我国媒体融合发展及创新变革的整体走向

媒体融合是近年来我国传媒领域发生的一场革命。自2014年国家提出传统媒体和新兴媒体融合发展以来，媒体融合的发展进程已经走过了近十个年头。[①]媒体的融合是复杂而漫长的一个过程。关于融合的程度，习近平总书记做过一个极为形象的比喻。2016年2月19日，在党的新闻舆论工作座谈会上，习近平总书记提出"融合发展关键在融为一体、合而为一"的要求，强调要尽快从相"加"阶段迈向相"融"阶段，从"你是你、我是我"变成"你中有我、我中有你"，进而变成"你就是我、我就是你"，着力打造一批新型主流媒体[②]。

为了加大力度推动媒体融合发展，在中央全面深化改革领导小组第四次会议上，习近平总书记明确指出了媒体融合的路径和方法，即"坚持传统媒体和新兴媒体优势互补、一体化发展，坚持先进技术为支撑、内容建设为根本，推动传统媒体和新兴媒体在内容、渠道、平

---

① 党中央对媒体融合作出战略部署以2014年制定和发出《关于推动传统媒体与新兴媒体融合发展的指导意见》为标志。

② 蒋建国在"2016媒体融合发展论坛"上的致辞［R］.http://www.xinhuanet.com/zgjx/2016-08/22/c_135624545.htm.

台、经营、管理等方面的深度融合"。并对传媒布局提出设想，要求"着力打造一批形态多样、手段先进、具有竞争力的新型主流媒体，建成几家拥有强大实力和传播力、公信力、影响力的新型媒体集团，形成立体多样、融合发展的现代传播体系"①。

2019年1月25日，中共中央政治局在人民日报社就全媒体时代和媒体融合发展举行了第十二次集体学习。习近平总书记指出："全媒体不断发展，出现了全程媒体、全息媒体、全员媒体、全效媒体，信息无处不在、无所不及、无人不用，导致舆论生态、媒体格局、传播方式发生深刻变化，新闻舆论工作面临新的挑战。"②"全程媒体、全息媒体、全员媒体、全效媒体"分别从生产发布时效、内容表现形式、多维传播、有效互动四个维度，进一步阐释了建设全媒体以及推动媒体融合发展的内涵，为我国媒体融合发展指明了新方向、新要求。

9.2 媒体融合发展及创新变革的背景

媒体融合的起源和发展不仅仅发生在技术层面，还发生在经济、用户等传播活动的诸多层面。移动互联网技术的发展引发市场用户消费习惯的变化，在技术、市场和用户变化的共同作用下，催生了新旧媒体的进一步融合。对于传统媒体而言，想要适应快速变化的新环

---

① 习近平主持召开中央全面深化改革领导小组第四次会议［N］.人民日报，2014-8-19.

② 习近平在中共中央政治局第十二次集体学习时强调：推动媒体融合向纵深发展 巩固全党全国人民共同思想基础［EB/OL］. http://tv.cctv.com/2019/01/25/VIDEzcg2NWN68N0nyKtCl3ip190125.shtml.

境，就必须紧密把握这些新趋势，充分利用更新的传播技术，满足用户日益多样的需求。

9.2.1 技术背景

影响传媒企业业务发展的新科技包括云计算、扩展现实、区块链、人工智能、数字孪生、智能对象以及边缘计算等多种技术，他们从不同维度影响着传媒产业的发展，在此基础之上，还将不断发展演进，新的科技将催生多种新型产品及产业模式，深刻影响用户体验和传媒企业。

作为传媒企业及产业链上下游企业，如何在变革中将自身战略和新技术应用有机结合起来？企业创新需要以企业定位与业务发展战略为先导。企业识别自身竞争优势，定义未来的发展模式，明确自身转型之路，然后基于业务构想设计其转型的愿景和战略。对于企业而言，首先需要开展市场和技术调研，了解这些趋势将如何推动媒体的发展变革，与此同时，再考虑这些变革又将对当下的业务经营产生哪些潜在影响，最后用这些分析与数据优化业务流程。在新科技不断迭代和演化的过程中，传媒企业的方方面面将得以重塑，如新的传播方式、新的员工协作、新的内容生产方式，以及新的运营模式。

技术创新会给传媒企业业务生态带来巨大的变化。随着科学技术开始进入新发展阶段，互联网、数字等技术将帮助实现两方面的新互联：一是场所互联，即人们在虚实世界之间、不同地理位置之间可以无缝穿梭和链接；二是所有权互联，即用户跨平台对数据、数字资产进行确权。长期以来，传统媒体的发展一直呈现"线性发展"态势。新互联背景下，用户获取信息的方式将会不断改变，从阅读传统的报刊到搜索互联网的海量信息，再到信息通过算法主动推送给不同用户，信息量越来越大，传播速度越来越快且越来越精准，个性化需求得到更好的满足。同时，5G时代技术升级带来的大带宽、万物互联和低时延能力，丰富了媒体内容尤其是视频内容，海量链接和沉浸式用户体验，为媒体产生新的生产力和传播力赋能。而数字技术特别是5G技术的蓬勃发展，促进了媒体信息生产与分发的变革，通过算法不断优化内容生产、分发和传播，助力企业推出更多产品形态、更多元的产业发展模式。

科学技术是媒体创新变革的核心动力，媒体融合发展和创新变革所涉及的不是突然出现的新技术，相关的技术已经存在而且一直在持续发展、不断进步，单点看每个技术进步的影响力都有限，但是相关技术集合形成合力之后就能产生颠覆性的影响。所以对于企业来说，竞争优势的建立不是一蹴而就的，需要长期关注和投资相关技术，不断把基础打牢。同时不能只关注单点技术，而是要关注技术之间的合力，才能真正产生突破式创新，赢得融合变革过程中的竞争。

9.2.2 经济背景

经济背景包括全球经济发展现状、国际及国内产业发展情况以及经济对相关技术发展的影响力。

传媒企业的融合与创新发展离不开经济发展大背景。在全球一体化发展过程中，中国的国际影响力日益壮大，众多国际资本、国际企业持续扩大在华投资，同时中国巨大的劳动力市场及消费市场亦为全球经济增长贡献了中国的力量。经济快速增长过程中各行各业都得到蓬勃发展，产业技术及商业模式飞跃式迭代，吸引更多资本投入，促进产业发展，更为媒体的发展铺设了更大更宽的平台。

高速发展的经济促进科技进步，越来越先进的科技提升了产业发展效能，扩大了产业发展半径。经济发展使国家在教育上增加投入，进而优化人才结构，更加优秀的人才进入传媒产业，改善企业管理水平，提升生产效率，优化商业模式，带领更多优秀企业走向海外发展，成为高水平发展的全球化企业。

各国经济发展阶段不一样，传媒产业发展是建立在不同的经济基础上的，也将呈现不同的发展状态和发展速度。一方面是基础设施建设对传媒产业的支撑与影响，例如，通信设施的建设决定着通信效率，关系到传媒产业的产业形态及业务模式，如2G/3G时代，内容以图文为主，而到5G时代，直播及视频快速发展；另一方面是用户的购买习惯与购买能力，用户的消费习惯和消费能力是建立在经济发展基础上的，同时也是传媒产业可持续发展的重要基础。

9.2.3 用户背景

用户背景分析包括传媒产业所覆盖的用户规模、年龄分布、地域分布以及用户的其他要素分析，另外，本文所涉用户包含媒体信息内容创作者、阅读者及其他参与者。

越来越大的用户规模，越来越均匀的用户年龄分布，以及广泛分布的地域是现在媒体用户的整体特征。中国互联网络信息中心（简称CNNIC）在京发布第51次《中国互联网络发展状况统计报告》显示，截至2022年12月，我国网民规模达10.67亿，较2021年12月增长3549万，互联网普及率达75.6%。我国互联网用户总体规模持续增长。我国不断增长的互联网用户及其在线行为呈现四个新特点：

一是城乡上网差距继续缩小。我国现有行政村已全面实现"村村通宽带"，贫困地区通信难等问题得到历史性解决。我国农村互联网用户规模已达2.84亿，农村地区互联网普及率为57.6%，较2020年12月提升1.7个百分点，城乡地区互联网普及率差异较2020年12月缩小0.2个百分点。二是老年用户群体加速融入网络社会。得益于互联网应用适老化改造行动持续推进，老年用户群体在线阅读、互动以及参与内容创作的需求活力进一步激发。截至2021年12月，我国60岁及以上老年互联网用户规模达1.19亿，互联网普及率达43.2%。三是人均上网在线时长保持增长。截至2021年12月，我国互联网用户人均每周上网时长达到28.5个小时，较2020年12月提升2.3个小时，互联网深度融入人民日常生活。四是上网终端设备使用更加多元。截至2021年12月，我国互联网用户使用手机上网的比例达99.7%，手机仍是上网的最主要设备；网民中使用台式电脑、笔记本电脑、电视和平板电脑上网的比例分别为35.0%、33.0%、28.1%和27.4%。以上数据表明，我国互联网用户超10亿人，规模庞大；年龄分布广泛，未成年至老年用户越来越均匀；地域覆盖城乡，城市覆盖率高于乡村，但是差距越来越小；随着互联网工具在生活、工作、学习领域的深入发展和深度服务，我国互联网用户在线时长继续保持增长，在线需求也不断升级。

与此同时，根据调研机构Data Reportal发布的《数字全球概览报告》，目前全世界共有48亿互联网用户，相当于世界总人口的61%。全球移动用户已达到52.7亿，约占世界总人口的67%，仅在去年一年全球就增加了1.17亿移动用户。全球互联网用户持续增长，平均上网时长在增加，移动连接速度更快，产生更多需求、链接与互动，为媒体发展带来新的挑战和机遇。

不断变化的互联网用户需求，是媒体融合发展与创新变革的驱动力。互联网用户从单向内容信息的阅读者，到主动搜索信息，再到信息通过算法找人，更有部分用户发展成为内容的生产者和传播者。未来，虚拟与现实之间的界限将变得越来越模糊，互联网用户在虚拟与现实间生活、工作、学习，其数字资产可以在虚拟与现实间确权，而元宇宙带来更多新的机遇与挑战，传媒企业需要把技术能力与业务模式有机地糅合在一起协调发展，夯实数字基础，提升数字成熟度，从而更好地创新扩展以应对用户的新需求。企业还可以进行价值延伸，考虑自身在产业生态中的作用，构建多元价值体系，如数据隐私、数据安全、可持续性以及知识产权保护等多个维度。同时，企业应关注技术之间的合力，为用户提供更好的产品形态、服务模式及更佳的用户体验，为媒体融合发展与创新变革定战略方向、谋发展优势，同时为社会创造多元的价值。

9.3　媒体创新变革的要素分析与总结

信息时代形成了全新的信息传播环境，传统媒体面对新媒体崛起所形成的强大冲击也在不断适应。媒介的融合发展，并不是不同内容形式、不同渠道、不同平台的简单叠加。从本质上讲，媒体融合追求的应该是任何可能的优势互补。在新的社会环境下，为了能够实现媒体融合，必须放下对原有传统媒体模式的依赖和复制，才能在媒介融合的竞争中成功实现突围。其中主要创新要素包括以下几点：

（1）**重视内容**。重视高质量的内容不仅是对媒体的专业性要求，更是在竞争中能够助其成功的法宝。传统的官方媒体垄断了采编权和政府、央企等采访资源，掌握了诸如时政、调查、舆论监督等重要领域的采访权，其资源优势是网络媒体望尘莫及的。传统媒体在转型过程中应当巩固并发挥好自身的内容优势，在重视用户价值的基础上也要坚持自己的立场，在海量信息的选择中坚守自身的内容取向，如《人民日报》注重时政与思想内容，其他传统纸媒转型同样要精准把握内容定位，注重新闻报道的深度、全面与质量，不可贪大求多，得不偿失。

（2）**关注受众需求**。在竞争愈演愈烈的媒体行业，只有精准定位、加强双向互动，才能吸引更多的受众。传统媒体的转型之困在于互联网精神的本质与传统媒体思维的冲突，固守传统思维导致很多传统媒体无法取得真正意义上的转型突破。纸媒的客户端要进行精准定位，占领分众化过程中形成的受众细分市场，关注目标受众的需求，如澎湃新闻将精英群体作为自己的目标受众，便会因此定制偏向这个群体的专属内容。同时，媒体客户端需要给用户提供更多与平台和其他用户交流的机会。澎湃新闻客户端尽可能多地打通渠道，为用户提供广泛的、深入的互动机会，其内容符合目标受众需求，界面设计方便受众使用，精心地满足了用户在浏览时的多种需求。

（3）**拓展融媒体渠道**。传统媒体在转型之时需要用互联网思维来武装自己，即具有新媒体的渠道意识和平台意识。应利用好各种网络通道，如央广传媒将优势资源输送到多元的客户端等新媒体平台。同时，密切关注互联网新技术，并时刻准备着接受并运用。融媒体是移动互联网发展到一定阶段后产生的新趋势，融媒体思维意味着不再只做单一的内容，而是建立一个集多种功能于一身的内容平台或者是一种生态。纸媒新闻客户端的发展方向也应思考社会潮流发展并结合自身优势，专注但不局限于传播新闻。同时也可以探索互动性，以及网络社区等特色功能。这样一方面能够激活用户创造内容的积极性，以扩充平台优质内容；另一方面也可增加用户黏性，拓展媒体的生存空间。

（4）**创新盈利模式**。客户端的传统盈利模式是依靠内容积累海量用户，然后将用户资源二次售卖给广告商，这一盈利模式较为单一，在发展中面临越来越多的挑战。打造平台型媒体有利于创造新的盈利机会，也是传统媒体转型的必然选择。对于纸媒新闻客户端而言，专注于提供新闻内容，稳固自身既有的内容等优势的同时，也可以考虑更多的可能性，并重点开发多种功能，提供更多服务，使盈利多元化。例如，增加新闻客户端的广告收入的同时，提升内容付费收入，甚至还可开发电子商务收入、社交收入、游戏收入等。

（5）**调整人才结构**。媒体融合发展需要具备全媒体工作本领的媒体人，这是由传播技术的发展史特点和媒体融合的专业要求决定的。全媒体发展时期，传媒企业既有传统媒体业务，又在发展数字媒体业务，甚至在探索元宇宙业务模式，必然要求媒体人在掌握采编、排版、发行等业务的同时，要熟悉和掌握网络通信、视频直播等多元技能。而这种复合人才相对缺乏。在这种情况下，发挥现有人才的全部能力也是一种内部革新动力。具体应用包括：明确员工职责和工作目标，划分专职工作和兼职工作；同时考虑工作性质和工作负担，尽可能做到让员工做最擅长的工作；还应兼顾员工是否愿意做的问题，确保人尽其才，节约人力成本。如今日头条，非常注重团队协作，组建相应的团队，让媒体人的工作效率更加高效。媒体在团队组建时应该注重团队中成员的性格、能力、专长等，每一个人都有其长处和价值，就看怎么样合理利用，做到团队人才结构最优，进而发挥团队的最大作用。

9.4　媒体融合发展及创新变革案例总结

本次研究选取了人民日报、央广传媒、光明网、澎湃新闻、今日头条、财新传媒、川报集团以及提供数据服务的数可视八家机构作为研究对象，前文已对上述机构的创新模式分别进行了详细分析。这八家机构的性质、内容、创新特色等各不相同，整体上能够反映我国目前各类媒体的创新现状。通过对这八家机构创新途径的分析和比较，能够总结出媒体融合创新的成功经验，加深对于媒体融合的理论理解，并为我国媒体产业未来继续深化融合提出可靠的建议。

9.4.1　融合发展及创新变革的相同点

上文提及的八家机构进行创新的相似点是，都非常重视内容的价值、形式和创意，确保内容在立足听众需求的基础上发挥创意、体现特色。并且，八家机构在进行融合的过程中都进行了网络平台、终端、渠道的构建和技术创新。凭借技术支持，人民日报探索出了极具特色的报刊、网站、客户端、社交平台的联动"策采编发"模式。在终端和渠道建设方面，人民日报经历了网络报纸和手机报纸到客户端和微信、微博等社交账号的发展阶段。"中央厨房"目前已经形成了"报刊+网站+社交媒体+客户端"的传播矩阵，实现了数字化、网络化、移动化传播。新型传播渠道的建设释放了媒体的传播活力和内容创作力，并催生出一批深受网民喜爱的H5、短视频、直播等内容作品；依托中国广播云平台和音频技术，央广传媒充分利用自身在音频领域的内容优势，利用云平台跨媒体采集、制作、播出独家的优质音频内容。通过大数据分析，央广传媒能够智能化关联广播数据，实时监测传播效果。此外，通过分析听众的习惯和喜好，央广传媒不断优化播报的板块设计，保证听众对节目有清晰和完整的了解。不同栏目的播报风格多样化，对话交流增多，加强了听众收听的舒适度；澎湃新闻、财新传媒脱胎于传统纸媒，从网站起步，逐步扩展到微博、微信和客户端，实现了全渠道的覆盖。在内容方面，澎湃新闻积极探索线上新闻问答与内容差异化，各具特色的栏目给其带来了独家、差异性的产品红利。澎湃新闻还通过新闻追踪了解用户对个性化信息的需求，提升用户体验，从而形成了高价值的新媒体品牌，迅速成为现象级的新媒体。财新传媒在媒体转型过程中选择数字内容付费模式，为自己找到了独特的品牌定位；今日头条通过整合各类媒体和机构在两微一端上的新闻资讯，实现对多渠道信息的聚合和更新。部分传统媒体也可以借助今日头条的技术与平台优势，使优质的原创性新闻获得有效推广。依托大数据与算法，今日头条积累了大量用户行为数据，归纳并学习用户的使用习惯，既能为个人推荐差异化、个性化的资讯，还能了解大众的阅读倾向，以数据指导媒体运营。

9.4.2 融合发展及创新变革的不同点

在实践中，媒体融合的范围和运营模式往往有所不同。对大部分媒体来说，媒体融合主要在单个媒体或媒体集团内部进行，如澎湃新闻和今日头条；而对人民日报、央广传媒、川报集团和光明网而言，党媒的身份意味着它们需要承担更大的责任。相比于澎湃新闻和今日头条，人民日报、央广传媒、川报集团和光明网的媒体创新，最大的不同在于其创新不局限于集团内部的媒体融合发展，而是致力于协助国家有关部门，建立全行业的、全国的全媒体融合的媒体生态。人民日报、央广传媒、川报集团和光明网分别是报纸媒体、广播媒体、报网联合等主体创新融合发展的代表，它们与各类中央及地方媒体，以及党政机关、企事业单位的新闻宣传部门建立了战略合作，围绕内容、技术和人才展开了一系列合作。人民日报的中国媒体融合云、央广传媒的中国广播云平台，将技术资源向全行业共享，为合作媒体提供各类新型内容生产、大数据运营、人工智能等应用。人民日报还帮助很多省市的合作媒体快速建设中小型"中央厨房"，在内容上实现资源共享、协同生产，共建工作室等。

今日头条的运营模式与其他几家传统媒体有明显的差别。在信息的生产方面，传统媒体的新闻客户端是通过创作优质的差异化内容来占领媒介市场，吸引用户的关注。澎湃新闻就是以东方早报的采编队伍为支撑，采用独家新闻发布的形式对媒体环境进行占领，为用户提供深度的时政评议，其发展偏重于新闻的内容。今日头条与澎湃新闻恰恰相反，选择了广开渠道的策略。今日头条是一款基于数据挖掘的推荐引擎产品，它为用户推荐有价值的、个性化的信息，提供连接人与信息的新型服务。根据数据算法对信息进行排序，然后根据用户的偏好来形成热点信息模块，在自己的端口进行输出。现在，今日头条的自创内容越来越丰富，除了一些新闻客户端推送的新闻、短视频、图片等，还涌现了大量自媒体用户原创的新媒体内容，从而更广泛地占领媒介市场。

数据可视化技术对新闻行业的变革体现在更便于传播和互动。生产数据新闻是媒体转型的入口，数可视的创新发展使数据新闻和可视化内容变成一种商业产品，并服务于媒体或机构，目前业务发展步入正轨。财新传媒的数字内容付费模式的实践表明，市场化运营数字内容付费具有可行性，为新闻机构的全媒体转型提供可借鉴的路径，也为中国新闻机构的市场化经营提供了新的思路。

9.4.3　媒体融合发展及创新变革的不同阶段

5G、大数据、人工智能等新科技的应用继续推动着传媒产业的融合发展，受众永无止境的需求成为媒体不断创新发展的原动力，媒体融合正是沿着不断便捷、高质量地满足受众需求的路径发展，其实践过程是递进的、立体的。从行业发展来看，媒体融合发展经历了合并阶段、联动阶段和整合阶段三个阶段：

（1）合并阶段：大型媒体集团通过并购实现资本融合，集团跨报纸、广播、电视、网络等多媒介形式发展，拓宽集团在传媒行业的宽度，实现多元媒体经营。不同形式的媒体维持原来的业务流程，保留原有团队建制，共享集团内部的分资源，开启媒体融合发展的新阶段。纸媒从前期记者搜集素材、挖掘新闻信息、采访新闻当事人，中期记者撰写稿件、编辑审稿、校对，到后期媒体印刷、发行，受众通过发邮件、写信等方式与媒体互动，反馈数据较少也较慢。广播、电视也同样保留独立完整的业务流程，如图9-1所示。

通过并购多媒体发展							
媒介类型		纸质		广播		电视	网络
内容层	早期	信息搜集 新闻挖掘 实地采访		信息搜集 新闻挖掘 实地采访		信息搜集 新闻挖掘 实地采访	信息搜集 新闻挖掘 实地采访
	中期	撰写 编辑 审阅		撰写 编辑 审定		撰写 编辑 审阅	撰写 编辑 审阅
	后期	印刷媒体 发行		合成音频 传播		合成视频 传播	合成所需文件 传播
支持层		人力　财务　技术　公共关系等					
媒介层		纸质		广播		电视	网络
受众层							

图9-1　合并阶段纸质、广播、电视、网络媒体业务流程图

（2）**联动阶段**：面对日新月异的新科技和用户的新需求，各传媒集团快速全面推进媒体信息化、数字化以及智能化，报纸杂志通过网络不仅可以更广泛地传播其内容，而且可以运用文字、图片、声音、视频等多种表现形式展示内容，以更好地满足受众的多元需求。如网络电视、手机电视等，这个阶段媒体更注重内容融合、网络融合和终端融合：内容融合即融文字、图片、声音、视频、直播、VR、AR等多形态于一体；网络融合是指打通电视、广播、网络三网间的壁垒，实现纸质、电视、广播、电脑、手机等终端载体间的转化、传输、储存；网络融合的同时也促进了终端融合，用户在不同场景下可以通过电视、电脑、手机或任意终端接收同一信息/内容，如学生不仅可以通过电脑上慕课，也可以通过电视、手机上同一堂课。这个阶段多媒体联动发展流程发生明显变化，支持层如人力、财务及公共资源共享，资源利用率有效提升。具体如图9-2所示。

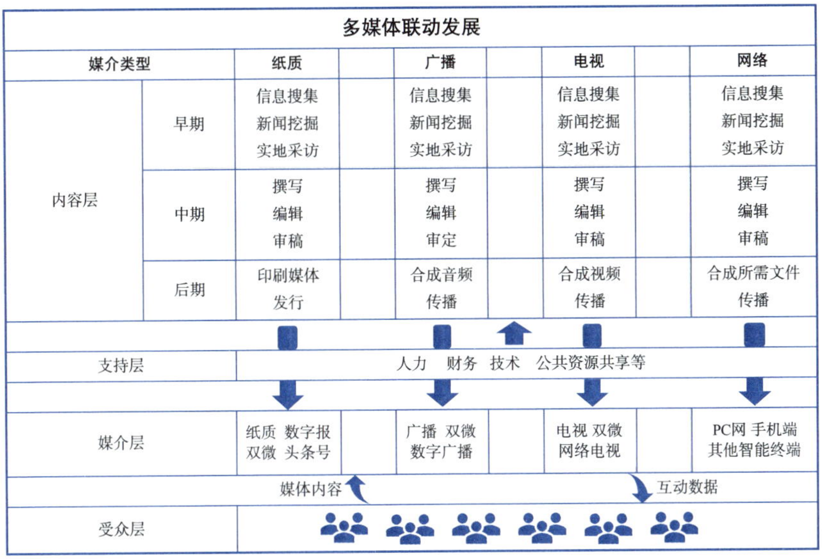

多媒体联动发展					
媒介类型		纸质	广播	电视	网络
内容层	早期	信息搜集 新闻挖掘 实地采访	信息搜集 新闻挖掘 实地采访	信息搜集 新闻挖掘 实地采访	信息搜集 新闻挖掘 实地采访
	中期	撰写 编辑 审稿	撰写 编辑 审定	撰写 编辑 审稿	撰写 编辑 审稿
	后期	印刷媒体 发行	合成音频 传播	合成视频 传播	合成所需文件 传播
支持层		人力　财务　技术　公共资源共享等			
媒介层		纸质 数字报 双微 头条号	广播 双微 数字广播	电视 双微 网络电视	PC网 手机端 其他智能终端
		媒体内容		互动数据	
受众层					

图9-2　联动阶段纸质、广播、电视、网络媒体业务流程图

（3）**整合阶段**：更深层次实现融合新闻的媒体资源共享，构建全新的融文字、图片、音视频、VR、AR等多种表现形式于一体的内容平台。打破内容形态、媒介载体、传播渠道及各类数据之间的壁垒，展开一系列因媒介技术融合、市场融合和产业融合的媒介规制变革，实现从内容生产、媒体运营，到产业衔接一体化思考，系统化运营，与媒体受众建立多种互动方式，如评论、弹幕、点赞甚至打赏等，促进数字内容优化，使更多优质内容得到更好的传播。采编们通过"内容集成平台/融媒体中心平台"，实现"全民参与、集约生产、多渠道传播，精准触达用户"。在大数据加持下，首先，可以更好地服务媒体受众，满足不断变化的受众需求，并且能做到个性化信息服务。其次，提供更高效能的内容创意、生产与传播的技术支持，如2022年冬季奥运会，央视频和咪咕两家媒体平台通过差异化的打法满足不同受众的需求，央视频同步大屏播出的冬奥赛事，推出时长超过550个

小时的独家赛事直播和多重视角直播内容；咪咕则重点突出精彩专业的解说、即时性互动等元素。再次，更精准地投放广告，更好地服务于广告商。最后，更高效地传播优质内容、社会正能量，履行好媒体的社会责任。整合发展阶段的业务流程，如图9-3所示，全媒体新闻中心实现资源融合共享、全媒体传播、全渠道互动、数据打通共享，服务于全流程，真正做到系统化运营。

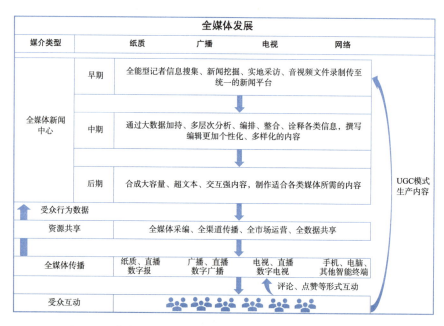

图9-3　整合阶段纸质、广播、电视、网络媒体业务流程图

9.5　展望与建议

习近平总书记指出，"要运用信息革命成果，推动媒体融合向纵深发展，做大做强主流舆论，巩固全党全国人民团结奋斗的共同思想基

础"①。在新时代，无论传统媒体还是新媒体都在满足受众的多样化信息需求上不断探索，并在应对用户个性化、受众间的互动与深度服务等方面做出诸多尝试。结合我国互联网发展的实际情况，商业媒体平台具有显著的流量优势，而平台分发的权威信息和优质内容仍然主要依靠主流媒体机构提供。所以，主流媒体在牢牢掌握舆论主导权的前提下，应与商业媒体保持联合互补的合作关系，打通行业媒体的平台和渠道，实现多层次、全方位的新媒体内容的多元化传播和全国覆盖。

对于传统媒体而言，媒体融合最首要的影响因素在于体制机制，体制机制很大程度上决定了业务的架构划分和衔接。因此，必须首先根据创新业务的构想明确体制机制的调整策略，保证在新的体制机制下，人力、物力、财力能够有机结合、共同协作。同时，传统媒体在创新中应注意保留或转化其固有的优势——品牌、影响力、内容生产力等。在具体的实践中，应将内容创新作为追求，积极借助新媒体技术，对新闻事件进行多层次的采集、挖掘、呈现，避免内容同质化。同时还应将新媒体平台作为报纸或广播平台的补充渠道，使优质内容得到广泛传播。对于新兴的新闻平台，利用新技术实现功能和服务的差异化是制胜的关键。不管是重视内容还是重视渠道，都必须敏锐地观察用户群体和需求的变化，主动适应市场变化，及时从平台、内容、形式、技术等方面适应用户的需求变化，以差异化策略谋求不可替代的优势。同时也要保证收益模式具有市场竞争力，做好市场营销，争取获得更多用户的青睐。

---

① 2019年1月25日，中共中央政治局就全媒体时代和媒体融合发展举行第十二次集体学习。中共中央总书记习近平主持学习并发表重要讲话。

对于新媒体，深刻把握受众需求，围绕信息真实性提供更优的用户体验尤为重要。在信息技术的快速发展下，新媒体促进了传播媒介的变迁，微信、微博等新兴媒体的诞生改变了报纸、电视等传统媒体主导之下信息由媒体到受众的单向传播模式，引导大众传播走向"媒体传播信息—受众提供反馈—媒体据此进行新的内容生产"双向互动时代。用户生产内容（UGC）生产模式也让信息接收者得以跳出普通受众身份的局限，进而成为信息的提供者，乃至新闻本身的生产者。受众角色的转变也对媒体的创新提出了新的要求，即不仅要利用新兴技术手段拓宽信息传播渠道，保证产品内容质量，更要充分考虑用户在接收信息、使用产品过程中的体验感和参与感，提供良好的用户体验，乃至去创造真实且负责任的信息与内容。

回顾科技发展历史，从工业时代到信息技术时代，人类的生产和生活方式及质量都发生了深刻变革。同时，人类的思维观念和对世界的认知也发生了深刻改变。科技的发展改变并继续改变着世界的面貌，极大地推动着社会的发展。当前，全球新一轮科技革命孕育兴起，将更加深刻地影响世界发展格局，深刻改变人类生产生活方式，也必将改变并继续改变传媒行业的发展。从传统纸媒到网络媒体平台APP，再到以人工智能、大数据实现的新产品、新模式，皆遵循科技推动产业发展的规律。展望未来科技发展新趋势，媒体人需持续创新，并始终以开放的态度积极融合先进科技发展成果，与时俱进地构建以优质内容为基石、以原创产品为灵魂、以用户至上为理念的新媒体生态体系，奏昂扬之歌，释创新之力，扬文化之帆，不断开创媒体发展的新思路、新模式、新格局。

参考文献

Krumsvik，Storsul，et al.. Media innovations：a multidisciplinary study of change［J］. Journal of Applied Statistics，2015，21（1）.

李艳红.在开放与保守策略间游移："不确定性"逻辑下的新闻创新——对三家新闻组织采纳数据新闻的研究［J］.新闻与传播研究，2017（09）：41–61+127–128.

杨江科杰，熊志华.关于新媒体编辑的创新机制研究［J］.新闻传播，2017（24）：55–56.

黄晓新，刘建华，卢剑锋.中国传媒融合创新现状、问题与趋势［J］.中国传媒科技，2017（4）.

于秀.新媒体时代下媒体管理机制创新研究［J］.当代经济，2017（7）：73–75.

陈国权.中国媒体"中央厨房"发展报告［J］.新闻记者，2018（1）：50–62.

王求.建设广播云平台　构筑融合产品集群——中央人民广播电台媒体融合实践［J］.中国广播电视学刊，2015（11）：17–23.

付苇.从版权话语到创新竞争："今日头条"事件分析［J］.新媒体研究，2015，1（11）：50–52.

邵灵锐.浅析新闻聚合的运用及其发展趋势——以今日头条客户端为视角［J］.新闻研究导刊，2018，9（17）：72–73.

张国庆."今日头条"营销浅析［J］.现代商业，2018，（14）：20–21.

胡程晨.新闻APP今日头条案例研究［J］.视听，2018（02）：

107-108.

夏康健."头条革命"能否成功——门户网站与今日头条的传播模式和发展前景比较分析［J］.传媒，2018，（10）：47-49.